LA LIBERTÉ DE CHOIX
DE L'IDENTITÉ DE GENRE

Le droit aujourd'hui

La collection « Le droit aujourd'hui » regroupe des études juridiques concernant des problèmes d'actualité nationale et internationale, dans divers domaines (éthique, politique, questions de société…).

Dernières parutions

Béatrice BLOHORN-BRENNEUR (dir.), *Médiation, écologie, environnement et intelligence artificielle*, 2024.
François GERBER, *Tempête Xynthia. La responsabilité des acteurs locaux dans les conséquences de la submersion*, 2023.
Olivier SALOMON, *Interprétation artistique et propriété intellectuelle, Essai d'une théorie du voisinage des droits exclusifs*
au sein de la propriété littéraire et artistique, 2023.
Sarah TOUBAL, *Le rebond du débiteur. Contribution à l'étude du droit de la défaillance économique,* 2023.
Claire BORREL, Loïc PELISSIER, Abélisse PINCHON, *Altruisme et Droit*, 2023.
Cristina Elena POPA TACHE, *Le dynamisme du droit international public contemporain et la transdisciplinarité,* 2023.
Charles COLOMAR, *Le droit de l'art en question(s). 20 réponses juridiques sur des thématiques artistiques*, 2023.
Marcel Yannick MISONGUI, *La protection juridictionnelle par la Cour de justice dans l'ELSJ et la PESC après le Brexit*, 2023.
François CAMPAGNOLA, *Précis de droit de l'énergie*, 2023.
Sébastien DEMAY, *La charge de travail à l'ère du numérique*, 2023.
Meganne NATALI, *Le droit international face au trafic illégal de biodiversité sauvage,* 2023.
Rahma BENTIROU MATHLOUTHI (dir.), *Proportionnalité, droits fondamentaux et juge, Proportionality, fundamental rights and judges*, 2023.
Aécio Filipe COELHO FRAGA DE OLIVEIRA, *L'exécution des mesures à titre provisoire rendues par un tribunal arbitral situé à l'étranger*, 2022.

Marie Albrich-Sales

LA LIBERTÉ DE CHOIX DE L'IDENTITÉ DE GENRE

Préface de Philippe Ségur

L'Harmattan

5-7, rue de l'École-Polytechnique, 75005 Paris
http://www.editions-harmattan.fr
ISBN : 978-2-336-44516-8
EAN : 9782336445168

PRÉFACE

« Il faut beaucoup de naïveté ou de mauvaise foi pour penser que les hommes choisissent leurs croyances indépendamment de leur condition », écrivait Claude Lévi-Strauss en 1955[1]. Le déterminisme biologique imputé à la nature est-il l'une d'entre elles ? Dans la lignée relativiste du post-structuralisme, il a fallu plusieurs décennies à la *French theory* et un long détour par les universités américaines pour que le champ d'une connaissance déconstructionniste focalisé d'abord sur des objets spécifiques – le texte chez Derrida, le langage inconscient chez Lacan, la biopolitique chez Foucault ou le virtuel chez Baudrillard – en vienne à remettre en cause le sujet lui-même jusque dans son identité présumée fondamentale, celle d'un genre conçu comme nécessairement binaire. Or, c'est parce que le droit romano-germaniste s'est édifié sur une conception unitaire du sujet, la *persona* chrétienne, qu'il constitue sur cette question une superstructure résistante.

À considérer les débats en cours et les relatives lenteurs adaptatives des fictions du droit aux nouvelles perceptions sociales, on s'aperçoit à l'évidence que la matrice religieuse du système juridique survit à sa sécularisation. L'universalité, l'unité et l'intangibilité de la personne qui en sont les piliers se sont fondées d'abord sur le postulat naturaliste de l'acte divin créateur. Ce dernier évacué de la rationalité juridique, le postulat naturel n'en demeure pas moins présent, mais sans la volonté issue d'une théophanie initiale. Seule reste en scène une volonté seconde qui était censée découler de la première et lui était intimement liée : celle qui procède du libre arbitre laissé à une créature désormais sans Créateur.

[1] C. Lévi-Strauss, *Tristes tropiques* (1955), 10-18, 1966, p. 128.

Ce qu'observe Judith Butler dans sa critique de la pensée de Beauvoir sur la construction du genre vaut aussi pour le droit : « La controverse sur le sens de *construction* paraît fondateur de la polarité philosophique conventionnelle entre le libre arbitre et le déterminisme. »[2] Comment continuer, en effet, de fonder une autonomie du sujet de droit qui demeure verrouillée quant à son auto-détermination la plus essentielle par une intention primordiale qu'on ne reconnaît plus ? Et comment admettre que le corps, « medium passif » avant la conscience qu'en a son possesseur, soit assigné à un genre non plus en amont par une décision théurgique, mais en aval par une détermination culturelle dont seul l'assemblage de volontés présumées libres est à présent réputé producteur ?

On répondra que le droit est un marqueur qui enregistre des données biologiques, anatomiques, génétiques, et opère à partir de celles-ci un processus objectif d'identification qui a valeur déclaratoire. Or, ce n'est jamais qu'un moyen de maintenir l'invention d'une nature naturée sous le prétexte du constat d'une nature naturante[3]. Les Grecs opposaient, en effet, la *natura naturans*, nature par soi, processus déjà là, incessant, à la *natura naturata*, une nature hybridée par l'humain dans une dialectique de culturalisation. Or qu'affirme le droit classique à travers ses critères de binarité sinon qu'il existe une *natura naturans* posée comme intangible alors qu'il persévère à la créer arbitrairement *natura naturata* par le fait même qu'il la travaille en la nommant ?

La personne n'existe pas avant l'énoncé juridique performatif qui la fait exister. Par exemple, l'embryon n'est

---

[2] J. Butler, *Gender Trouble. Feminism and the Subversion of Identity* (1990), New York and London, Routledge, 1999, p. 12 (trad. par nous).

[3] R. Lenoble, *Esquisse d'une histoire de l'idée de nature,* Albin Michel, 1969.

pas une « personne humaine potentielle », parce que sa biologie cellulaire le veut, mais parce que le Comité consultatif national d'éthique (CCNE) le dit[4]. De même, le cytoplasme d'un ovocyte énucléé à l'intérieur duquel est transféré le noyau d'une cellule issue d'un tiers n'est pas *par nature* l'amorce d'une personne humaine potentielle ni le début d'un processus de division cellulaire *sui generis*. Il est ce que l'autorité réaliste d'interprétation, instance momentanément efficace d'assignation culturelle, décide. Tantôt il participe de la nature de l'embryon humain quand le CCNE le déclare[5], tantôt il n'est pas un embryon quand la Cour de Justice de l'union européenne en juge ainsi[6]. En cela, peu importe qu'elle ait prétendu quelque temps plus tôt le contraire[7].

Il en va de même pour l'être humain qui ne saurait être qu'aperception mouvante de lui-même avant que le droit ne le saisisse et ne le fige comme concept arbitraire de personne sous le double rapport d'une binarité distributive et d'une universalité subsumée. Comme le dit Jacques-Claude Galloux par un trait fort expressif, « l'apparition du visage de l'enfant permet au droit de lui appliquer le masque de la personnalité[8] ». Cependant le seul visage, que le droit reconnaît par identification classificatoire, est en réalité son antipode anatomique : sa génitalité. Arrêtons-nous un instant sur cette dernière et sur la relativité de ses perceptions culturelles. Après la sexualisation heureuse de la mythologie grecque, la représentation des organes sexuels s'est faite plus sombre chez les Romains. Le *phallus*

---

[4] CCNE, rapp., avr. 1984.

[5] CCNE, avis n° 67, 27 janv. 2000.

[6] CJUE, 18 déc. 2014, *International Stem Cell Corporation*, n° C-364/13.

[7] CJUE, 18 oct. 2011, *Brüstle c/ Greenpeace*, n° C-34/10.

[8] J.-C. Galloux, « La personne physique entre réalité biologique et métaréalité », in *L'identité politique*, CURAPP, PUF, 1994, p. 171.

devient le *fascinum*, ce qui s'exhibe et stupéfie par son *augmentum* voué au déclin[9], tandis que l'*aidoîo*, l'organe féminin, devient *vulva,* ce qui demeure caché et inquiète par le mystère d'un plaisir insondable[10]. Pour autant, l'existence d'androgynes « réunissant les deux natures et passant ensemble à tour de rôle de l'une à l'autre » est reconnue[11] et les hermaprodites « tenus autrefois pour prodigieux » sont considérés « maintenant comme sources de délices »[12]. Quant à la transition sexuelle – réelle ou supposée –, elle est un fait constaté, sinon admis : « la transformation de femmes en homme n'est pas une fable », affirme Pline l'Ancien avant d'en livrer quelques exemples[13].

Le judaïsme n'envisage plus l'entre-deux, ni la dualité génitale, ni la conversion de genre, puisque, dans sa mythologie fondatrice, la binarité sexuelle est posée comme complémentarité nécessaire à l'intention reproductrice définie par le Créateur : « Elohîms leur dit : "Fructifiez, multipliez, emplissez la terre" »[14]. Ainsi la binarité se trouve-t-elle posée comme une *natura naturans* par l'acte créateur, puisqu'au commencement, la nature n'était pas : il n'y avait que *tōhū wā-bōhū*, chaos « informe et vide »[15]. Avec le christianisme, l'éthique de la sexualité chez Paul de Tarse conserve cet héritage vétérotestamentaire pour justifier l'institution du mariage dans la réunification charnelle des genres que Dieu aurait distingués[16]. C'est

[9] P. Quignard, *Le sexe et l'effroi*, Gallimard, 1994.

[10] La femme est à la fois « toujours brûlante de la dure tension de sa matrice et lassée par les hommes » selon Juvénal (*Satires*, VI, v. 128-129, trad. par nous).

[11] Pline l'Ancien, *Hist. Nat.*, liv. VII, II, 2 (trad. par nous)

[12] *Ibid.*, liv. VII, III, 3 (trad. par nous).

[13] *Ibid.*, liv. VII, III, 3 (trad. par nous).

[14] *Gen.*, 1-28, trad. A. Chouraqui.

[15] *Ibid.*, 1-2.

[16] *Eph.*, 5, 31.

avec Augustin d'Hippone que l'événement métahistorique du péché originel va catalyser la répression culturelle de la sexualité et de ses représentations génitales : cachez ces organes que nous ne saurions voir.

Avant la Chute, souligne Foucault, « le sexe était visible sans jamais risquer d'être nu »[17]. Après elle, selon le livre de la Genèse, « les yeux des deux se dessillent, ils savent qu'ils sont nus. Ils cousent des feuilles de figuier et se font des ceintures »[18]. La volonté libidinale de l'être humain devenue concupiscible est expulsée de la *natura naturans* instituée par son Créateur. Exit le culte du *fascinum* romain et de l'*aidoîo* grec et avec eux toute considération pour l'intermédiation de genre. Le sujet, exclu par le péché de sa propre nature, ne saurait les interroger, à plus fortes raisons en jouir : il doit s'en repentir en espérant la grâce. Un siècle avant le Christ, le poète Virgile l'avait-il pressenti lorsqu'il écrivait : « Ô membre scélérat, ô mon malheur, tu expieras par une loi sévère et juste le dommage que tu m'as causé » ?[19]

En tant que production idéologique, l'œuvre patristique est cependant construction culturelle. Dans l'Occident chrétien, la binarité sexuelle s'est imposée comme substrat d'abord théologique et moral, puis juridique, d'objets organiques désormais figés à partir de la dyade, à la fois distincte et indissociable, du masculin et du féminin. Or, c'est précisément parce que ces derniers sont réputés avoir été solidaires dans la faute qu'ils ont si longtemps été forclos pour tout questionnement.

Au XXIe siècle, la religion ne gouverne plus la légitimité de l'ordre juridique. Comme le rappelle Marshall Sahlins,

---

[17] M. Foucault, *Histoire de la sexualité*, t. 4, *Les aveux de la chair*, Gallimard, 2018, p. 336.
[18] *Gen.*, 3-7.
[19] Virgile, *Priapées*, trad. M. Rat, Garnier, 1935, B, 15-20 (1032-1033).

« l'objectivité même des objets est détermination culturelle générée par attribution de signification symbolique à certaines différences "réelles", alors même que d'autres ne seront pas prises en compte »[20]. Dès lors, pour l'esprit moderne formé à la liberté de conscience et à l'individualisme que le catholicisme aura contribué *à son corps défendant* à faire émerger, il ne saurait plus exister de genre hors l'esprit de ceux qui le pensent relativement à son objet qui est toujours ce corps-ci. Mieux encore : aucun conglomérat de subjectivités n'a plus de légitimité suffisante pour l'emporter sur celle du sujet seul, puisque le propre de la subjectivité est d'apporter et d'emporter avec elle tout ce qui se perçoit jamais comme réel.

La réalité subjective devient désormais la seule acceptable et ce primat se heurte tant à l'universalisme des Lumières qu'à la rationalité scientifique. Nietzsche déjà opposait le témoignage des sens à toute idée d'unité, de substance et d'objectivité : « Tant que les sens montrent le devenir, l'impermanence, le changement, ils ne mentent pas (…) l'Être est une fiction vide de sens. Le monde "apparent" est le seul. Le monde "vrai" n'est qu'un *mensonge* qu'on y rajoute… »[21] À juste titre, Judith Butler peut alors demander : « Jusqu'à quel point l'"identité" est-elle un idéal normatif plutôt qu'une caractéristique de l'expérience » ?[22]

Pour un droit qui demeure malgré tout profondément marqué par son héritage religieux, l'un des facteurs de blocage réside dans ce fait que l'unité postulée par le judéo-christianisme transcende la binarité sexuelle tout en la constituant et fonde dans son principe l'égalité universelle

[20] M. Sahlins, Critique de la sociobiologie. Aspects anthropologiques, Gallimard, Paris, 1980, p. 120-121.
[21] F. Nietzsche, *Le crépuscule des idoles*, « La raison dans la philosophie », 2, Folio essais, 1988, p. 26.
[22] J. Butler, *op. cit.*, p. 23 (trad. par nous).

du genre dans une autre acception du terme : le genre humain. On connaît l'ambiguïté discutée du premier livre de la Torah : « À la réplique d'Élohîms il *le* crée, *mâle et femelle* »[23]. Tout aussi significatif est Paul de Tarse avec sa fameuse formule : « Il n'y a *ni mâle ni femelle, car vous tous vous êtes un* [*eîs*] dans le Christ Jésus »[24]. En dépit des torsions sémantiques ultérieures et des déviations politiques à venir, c'est dans l'unité de cette humanité tous genres confondus, voire abolis, que réside la condition de possibilité d'un sujet de droit égal à tous les autres, jusque et surtout dans ses volitions, même s'il faudra quelques siècles pour y parvenir. C'est pourquoi au XVe siècle, un Pic de la Mirandole ne tiendra pas la nature humaine comme préexistante à celle que se construit l'individu et osera prêter au Créateur les paroles suivantes adressées à Adam : « Par ton libre arbitre, entre les mains duquel je t'ai placé, tu te définis toi-même »[25].

Malgré ces ponctuelles audaces historiques et la sécularisation actuelle, on sous-estime encore l'empreinte religieuse dans le système juridique et la difficulté de celui-ci à assimiler pour ce motif la révolution culturelle en marche. Le judéo-christianisme n'est pas une religion, mais une sédimentation historique qui conditionne encore la pensée du droit. Le christianisme institutionnel des Églises triomphantes a prétendu assimiler la Loi mosaïque des Hébreux – somme d'observances indispensables au salut communautaire – tout en la dépassant par l'adjonction du libre arbitre, seule réponse possible à la question du mal, qu'Augustin complètera par la nécessité de la grâce, les deux autorisant un salut à la fois individuel et ouvert à tous.

[23] *Gen.*, 1-27 (c'est nous qui soulignons).
[24] *Gal.*, 3-28 (c'est nous qui soulignons).
[25] J. Pic de la Mirandole, *Oeuvres philosophiques. Oratio de hominis dignitate* (*Discours sur la dignité de l'homme,* 1486), trad. O. Boulnois et J. Tognon, PUF, 1993, p. 6-7.

Ce rapport à la loi et à la liberté est essentiel, car sous sa forme sécularisée, il reste encore moteur sous nos latitudes. Ce à quoi il faut ajouter pour une partie du continent européen le tropisme hérité du cléricalisme. Dans les pays où l'Église catholique a politiquement pesé de son influence la plus forte, le développement du libre arbitre a été obvié par la médiation d'un clergé institué comme seule autorité légitime pour interpréter la Loi et faisant par-là même de celle-ci un instrument de domination sur les consciences. Durant des siècles, la collusion du pouvoir politique et du pouvoir religieux a instauré une structure de fonctionnement fondée sur le « primat du groupe sur la personne, reconnue et justifiée par des hommes qui s'exprimaient au nom de Dieu, des Dieux, d'une tradition »[26]. Cela demeure prégnant aujourd'hui encore en France aussi bien dans l'unilatéralisme législatif que dans une souveraineté judiciaire qui, contrairement au monde anglo-saxon, demeure dans l'ensemble moins vouée à défendre l'individu que l'État et l'ordre public, y compris dans son reliquat moral.

Il n'y a donc pas lieu de s'étonner si c'est dans les pays de tradition protestante où, dès la Réforme, le rapport à la Loi a été posé comme direct, sans médiation entre le sujet et le texte, que l'accueil juridique des demandes sociales liées à la reconfiguration du genre est le plus rapide. Ce n'est pas non plus un hasard si celui-ci vient d'abord du droit international, plus perméable à ces influences et à d'autres systèmes de droit pour lesquels, religieusement et philosophiquement, la notion de moi n'a pas connu la même cristallisation sur la notion de personne[27].

---

[26] D. Avon, *La liberté de conscience. Histoire d'une notion et d'un droit*, Presses universitaires de Rennes, 2020, p. 249.

[27] V. notre étude : « Le mirage de l'identité », in M. Doat et J. Rios (dir.), *L'identité en droit. Approches juridiques*, Mare et Martin, 2022.

C'est tout le mérite du remarquable travail de Marie Albrich-Sales que d'interroger sur le terrain généalogique un processus de mutation juridique qui n'en est encore qu'à ses balbutiements. L'entreprise n'était pas aisée : si les travaux sociologiques, politiques et théoriques ont connu des développements constants, voire exponentiels, depuis une vingtaine d'années, la littérature juridique sur le sujet demeure encore relativement peu abondante. Avec autant de rigueur que de perspicacité, Marie Albrich-Sales retrace donc en éclaireuse les linéaments, les limites et les enjeux de cette transformation d'un système juridique non seulement pressé de se renouveler dans ses formes, mais remis en cause dans certains de ses fondements. Il ne fait pas de doute que l'apport de la présente recherche dont la lecture se révèle passionnante, comptera dans cette réflexion nécessaire.

Pour le reste, dans l'ouvrage qui le rendit célèbre, Foucault écrivait que « l'homme est une invention dont l'archéologie de notre pensée montre aisément la date récente. Et peut-être la fin prochaine. »[28] Cet augure se réalisera-t-il sur le terrain des concepts juridiques ? L'avenir nous le dira.

Philippe Ségur
Agrégé des Facultés de droit
Professeur à l'Université
de Perpignan Via Domitia

---

[28] M. Foucault, *Les Mots et les choses*, TEL-Gallimard, 1966, p. 398.

« Fragment de nuit que chacun de nous porte en soi », telle est la définition que donne Michel Foucault du sexe dans le premier tome de l' *Histoire de la sexualité.* Le sexe relève du secret intime. Toutefois, cette part d'obscurité attire et constitue un enjeu de pouvoir à contrôler. Le sexe est presque traqué par la sphère juridique. Il n'est cependant pas un terme évident à définir et de ce mot peuvent découler plusieurs acceptions. Il y a le sexe appréhendé par la biologie et la médecine, le sexe chromosomique et anatomique notamment, qui correspondent aux caractéristiques physiques sexuelles. Mais aussi, le sexe abordé plus particulièrement par la psychanalyse qui traite des énigmes liées à cette petite partie de soi, selon Alfandary, et qui tente d'élucider les liens entre le corps, l'esprit et les pratiques sexuelles, mais aussi le sentiment sexué. L'aspect médical a beaucoup influencé le droit dans son appréhension du sexe.

La norme juridique s'immisce dans l'intimité des populations sous la plupart de ses formes. Le droit s'intéresse d'abord à la sexualité des populations en autorisant ou en réprimant certaines unions et certaines pratiques, comme l'a fait par exemple la Cour européenne des droits de l'homme dans l'arrêt *A.D.T. c. Royaume-Uni* le 31 juillet 2000. Cette réglementation ne s'arrête pas là. Le droit encadre également la reconnaissance du sexe de l'individu lorsque celui-ci naît et entre dans la communauté. Par-là, la norme juridique pose une première pierre à la construction de l'identité sexuelle. Il est toutefois possible de constater que l'individu tend à se détacher du droit dans la construction de cette identité. En outre, le sexe n'est plus le seul à être appréhendé dans la sphère du droit, un nouveau terme fait progressivement son apparition : celui de « genre ». Il semblerait même qu'émerge peu à peu un droit pour l'individu de choisir son identité de genre.

Cette liberté de choix de l'identité de genre sera l'objet de cette étude. Il importera de remarquer que la liberté de choix de l'identité de genre est un thème faisant intervenir plusieurs autres concepts dans sa définition. Le récent intérêt du droit pour le thème du genre permet par ailleurs de questionner le phénomène de la naissance d'une liberté de choix de l'identité de genre en droit international et en droit interne.

Chapitre introductif : les indices d'un nouvel instrument juridique

La liberté de choix de l'identité de genre fait intervenir plusieurs concepts qui se rejoignent, parfois se contredisent et s'entremêlent souvent en droit : le genre et le sexe, mais aussi l'identité, l'identité sexuelle et l'identité de genre ainsi que les notions de corps et de personne.

Il est d'emblée à noter que juridiquement parlant, le sexe n'est défini dans aucun texte législatif, comme s'il se posait comme une évidence pour la norme.

La définition du sexe donnée dans *Le Petit Robert* distingue la définition en ce qu'elle se situe « dans l'espèce humaine » ou dans la « biologie » Dans la première catégorie, le sexe est une « conformation particulière qui distingue l'homme de la femme en leur assignant un rôle déterminé dans la génération et en leur conférant certains caractères distinctifs », notamment, mais aussi comme les « parties sexuelles, organes génitaux externes ». Pour ce qui est de la catégorie « biologique », le même dictionnaire définit le sexe comme l'« ensemble des caractères et des fonctions qui distinguent le mâle de la femelle en leur assignant un rôle spécifique dans la reproduction, par la production de gamètes mâles ou femelles ». Les définitions données sont donc classiquement celles liées à la binarité des sexes, celles données à la naissance par le sexe biologique, c'est-à-dire le sexe en tant que partie génitale.

Pour des définitions juridiques, le sexe peut être défini en plusieurs temps. Selon le *Vocabulaire juridique* de Gérard Cornu, il désigne d'abord « chez l'homme ou la femme, organes de la reproduction et de la sexualité. »

Ensuite : « chacune des deux moitiés du genre humain, ensemble des femmes (sexe féminin), ensemble des hommes (sexe masculin) ». Enfin : « L'appartenance à l'un de ces groupes, élément de l'état des personnes auquel la loi attache certaines conséquences juridiques parfois discriminatoire et contraires à l'égalité civile, parfois compensatoires, parfois inhérentes à une différence naturelle ». Ici aussi, donc, la définition du sexe est axée sur la binarité et les caractéristiques biologiques, même si les inégalités sont mentionnées.

De même que le sexe, le genre n'est pas défini en droit. Il sera donc intéressant d'analyser les définitions données par d'autres domaines scientifiques. L'entrée « genre » du *Petit Robert* indique que ce dernier constitue « des façons de s'habiller, de se comporter ». Ici, il ne semble pas y avoir de rapport avec le sexe. Néanmoins, cette définition complète celle plus spécifique donnée dans le *Dictionnaire critique du féminisme*, qui définit le genre comme « les rapports de sexe tels qu'ils sont compris par la culture et par l'histoire ».

Ainsi, le genre pourrait être compris comme un ensemble de comportements sociaux qu'une société attribue à un sexe à un moment donné. Genre et sexe diffèrent alors, mais s'entremêlent aussi dans le droit. C'est en effet parce qu'à un moment donné le droit a participé à enregistrer certaines normes sociales ayant pour base le sexe biologique que le genre a pu être créé. Toutefois, le genre et le sexe se séparent, puisque le sexe ne semble pouvoir être que binaire, alors que le genre permet une expansion certaine de la sexualité de l'individu, qui devient fluide au gré de ses aspirations. Ainsi, l'individu qui change ses « façons de s'habiller, de se comporter » peut potentiellement changer de genre, sans changer de sexe. C'est notamment le cas des travestis, qui adoptent une expression de genre différente de la leur à des fins d'amusement, des fins artistique ou d'excitation, selon la définition donnée par le planning familial, ou encore des *drag-queen, drag-king, drag-queen.* Toutefois, le droit français n'appréhende pas encore le genre comme une catégorie dont il est possible de faire découler un régime juridique spécial. Le sexe reste la base dominante sur laquelle le droit s'appuie pour réglementer la vie sexuelle de l'individu.

Il peut arriver parfois que l'individu ait le sentiment profond d'appartenir à un autre genre. Cette possibilité fait alors intervenir le concept d'identité de genre, qui se mêle à celui d'identité sexuelle dans la quête d'identité de l'individu.

La question « qui suis-je ? » passe par les caractéristiques sexuelles. En effet, le sexe ou le genre peuvent devenir une partie intégrante de l'identité que la personne souhaite revendiquer. Il est intéressant de noter qu'un des buts des mobilisations militantes autour du sexe et du genre est de transformer un élément de stigmatisation en un élément de fierté, comme le souligne Nathalie Sarthou-Lajus. Le sexe devient alors une part intégrante de l'identité revendiquée.

Les caractéristiques sexuelles de l'individu peuvent être questionnées comme élément de l'identité telle que développée par Paul Ricoeur dans son ouvrage *Soi-même comme un autre*. Cette dernière serait composée de plusieurs éléments : l'*idem*, qui correspondrait à la « mêmeté », l'immuable, l'ensemble des marques distinctives qui permettent de réidentifier l'individu comme étant le même ; l'*ipséité*, partie muable de l'identité, celle qui permet de comprendre l'individu comme un être en mouvement et qui lui donne la possibilité de changer. Enfin, Ricoeur décrit une forme de lien entre « l'identité-*ipse* » et « l'identité-*idem* » : l'identité narrative. Cette identité narrative permet au personnage, l'individu, de construire son identité *via* le récit. Ainsi, cette identité narrative est muable avec le temps. Pourtant, certaines caractéristiques de l'individu ne changeront pas au fil du récit. Selon la définition donnée au sexe, biologique ou comme construction sociale, il peut y avoir une réelle tension entre les données naturelles liées au sexe biologique, qui pourraient fondamentalement relever de l'*idem* avant toute autre considération de construction sociale, et les données liées à la construction de la personnalité de l'individu, qui pourraient relever de *l'ipséité*, et même dans un sens, affecter l'*idem*. Le concept d'identité de genre, qui fait intervenir ces trois notions composantes de l'identité, permet de comprendre et de résoudre une tension existante entre la biologie, la construction sociale et le sentiment individuel.

Le Conseil de l'Europe, au sein du Glossaire de l'Orientation Sexuelle, définit l'identité de genre comme « l'expérience intime et personnelle de son genre profondément vécue par chaque personne, qu'elle corresponde ou non au sexe assigné à la naissance ». Ce concept a d'abord été utilisé par les théories féministes. L'objectif était de montrer que les inégalités entre hommes et femmes ainsi que la domination subie par ces dernières n'étaient pas biologiquement inscrites, mais constituaient une institution culturelle, selon Ivan Jablonka. Cette conception du genre a largement été popularisée d'abord par Simone de Beauvoir dans son ouvrage *Le Deuxième Sexe.* L'identité de genre dépend de sa propre expérience intime, mais cela dans un monde avec des normes données. Avoir conscience d'appartenir à un genre ou à un autre, cela peut aussi vouloir dire se sentir en conformité avec les normes sociales et juridiques liées à ce genre. Toutefois, l'identité de genre se veut être un concept plus fluide, puisqu'intimement vécu. Chacun dans le secret dispose d'une identité de genre qui peut être revendiquée ou ne pas l'être. Dans cette optique, la conscience de son genre participe à la construction de l'identité sexuelle de l'individu.

Il importe ici d'indiquer qu'identité sexuelle et identité de genre ne désignent pas la même réalité. L'identité sexuelle peut être comprise comme un « compromis entre une définition sociale et une définition personnelle », selon l'expression de Christophe Broqua et de Fred Eboko, qui permet de conceptualiser les rapports entre sexe et genre, entre genre et sexualité. L'identité sexuelle englobe alors à la fois le sentiment intime que l'individu a d'appartenir à un genre, mais aussi ses préférences sexuelles, c'est-à-dire son orientation sexuelle. La Cour européenne des droits de l'homme, dans l'arrêt du 6 avril 2017, *A.P., Garçon et Nicot c. France*, a précisé que l'individu disposait d'un droit à son identité sexuelle qui « est un aspect fondamental du droit au respect de la vie privée ». L'identité sexuelle de l'individu est donc plus englobante que l'identité de genre, qui ne serait alors qu'une composante de la première.

Le lien très étroit qu'entretient l'identité de genre avec la quête d'identité de l'individu explique que ce concept ait été peu à peu repris dans les revendications identitaires de l'ensemble des minorités sexuelles. Les personnes transgenres, surtout, ont trouvé dans ce concept un allié pour expliquer leur quête dans la transformation de leurs caractéristiques physiques. L'identité de genre permet de sortir de la binarité des sexes perpétuée par le droit et de montrer l'existence d'une tension réelle entre la norme juridique et certaines identités. En effet, les registres de l'état civil ne rendent pas toujours compte de l'identité de genre de la personne, au profit du reflet de son sexe anatomique (J. Carbonnier). La création d'une liberté de choix de l'identité de genre avec une valeur juridique pourrait permettre une plus grande cohérence dans la construction de l'identité de l'individu.

L'identité de genre est de plus en plus appréhendée par les organisations internationales qui tendent même à consacrer un droit à l'identité de genre. C'est notamment le cas du Conseil de l'Europe dans la Résolution 2048 du 22 avril 2015.

En droit, la liberté peut être définie comme le « droit de faire tout ce que les lois permettent », selon le mot de Montesquieu, ou encore comme « une situation garantie par le Droit dans laquelle chacun est maître de soi-même et exerce comme il le veut toutes ses facultés » (selon le *Vocabulaire juridique* de Gérard Cornu). Droit et liberté peuvent par ailleurs se distinguer et se rejoindre dans les notions de droit objectif et de droit subjectif. Ainsi, si toutes les libertés sont des droits subjectifs, c'est-à-dire que l'idée de l'autonomie de l'individu y est première dans l'obligation liée au droit, tous les droits ne sont en revanche pas forcément des libertés : le droit objectif par exemple peut ne pas consacrer des libertés.

De même, la notion de liberté appelle celles de titulaire et de bénéficiaire de droit : qui en dispose et comment les faire valoir auprès de tiers ? En effet, puisque les libertés sont des facultés d'agir, celui qui en est titulaire peut ou non l'exercer. Sont alors essentielles les notions de personne et de corps humain.

La personne vue comme réceptacle des droits est héritée de la conception unitaire développée dans un premier temps par le droit romain, puis par le christianisme.

En droit romain, d'abord, Yan Thomas explique qu'« un même individu concret peut assumer à lui seul plusieurs personnes » et « plusieurs individus concrets, à l'inverse, peuvent avoir une seule personne pour support. Telle qu'elle est constituée en droit, la personne est une fonction abstraite, un contenant qui se prête à toutes sortes de contenus ». Fiction juridique, la personne permet ainsi d'attribuer des droits et des devoirs à l'individu. Le christianisme, ensuite, a donné son caractère unitaire à la personne. Dans le Nouveau Testament, c'est par la Révélation de Dieu dans la personne de Jésus-Christ que s'opère cette unification. C'est par là que Dieu prend chair et prend corps. La conception de la personne réceptionnée en droit occidental est comme essentialisée : la personne humaine telle qu'unique par son mode d'exister peut, elle seule, recevoir les prérogatives juridiques, justement rattachées à elle en tant que support.

La personne physique constitue l'unité des droits de l'individu : elle est le support du sujet de droit qui est effectivement titulaire des droits et des libertés qui en découlent. La personnalité juridique est quant à elle celle qui accueille les droits et obligations permettant à la personne d'être un sujet de droit. Tout ce qui ne relèverait pas du champ du sujet de droit relèverait alors de celui de l'objet de droit.

C'est ici que le corps constitue un véritable « chamboulement » de ces catégories juridiques, comme l'indique Xavier Bioy, puisque ce dernier ne peut relever de la catégorie des choses en droit mais pose la question de son appartenance à la catégorie des personnes. Se pose alors la question de savoir si le corps peut être considéré comme à la disposition du sujet de droit et dans ce cas, ce dernier pourrait en user comme il le souhaite, ou alors si le corps aurait par lui-même une existence et alors, le sujet de droit ne pourrait en disposer. La conception retenue en droit français est la deuxième : le corps humain serait le *substratum* de la personne juridique.

En découlent alors deux principes fondamentaux : celui de l'inviolabilité du corps humain, consacré à l'article 16-1 du Code civil et celui de l'indisponibilité du corps humain consacré aux articles 16-1 et 16-5 du même Code. Ces deux principes prohibent respectivement les atteintes au corps humain sans et malgré le consentement de la personne concernée et l'aliénation du corps ainsi que des parties le composant. Selon ces deux principes, toute personne ne peut disposer de ni porter atteinte à son corps comme elle le souhaite et ne peut non plus disposer du corps d'autrui comme souhaité. Si le corps est pris comme une réalité à part entière qui dispose d'une existence propre et non comme la propriété du sujet de droit pensant, il en ressort qu'il existerait une certaine unité objective du corps humain qui empêcherait ce dernier d'exister uniquement selon la volonté absolue du sujet de droit pensant.

Ces conceptions du corps et de la personne en droit interne devront donc être articulées avec un potentiel nouveau droit à l'identité de genre. Il ferait à cet effet intervenir à la fois la personne comme support du droit qu'elle détiendrait de choisir son identité de genre mais aussi le corps dans les changements physiques qu'elle pourrait effectuer grâce à cette nouvelle liberté.

La liberté de choix de l'identité de genre pourra être comprise ici comme la liberté pour l'individu de choisir son identité de genre, qui impliquerait un droit opposable à l'identité de genre et donc un droit à la reconnaissance juridique de cette identité de genre.

Aujourd'hui, explorer le nouvel état du monde que crée le concept de genre ne semble pas une tâche aisée par manque de recul sur les effets qu'il produit, comme le souligne Éric Marty dans *Le Sexe des Modernes*. Toutefois, ce concept dispose d'une histoire qui semble aujourd'hui fournie car touchant à plusieurs disciplines scientifiques.

Directement ou indirectement, le genre émerge d'abord dans la pensée française et américaine au milieu des années 1960 chez les sociologues, psychanalystes et philosophes comme questionnement des identités, qu'elles soient sexuelles, biologiques ou encore sociales. Le concept de genre apparaît tout d'abord dans la littérature scientifique liée à l'étude des transidentités, c'est-à-dire « les personnes dont l'identité de genre diffère des attentes sociales prédominantes basées sur le sexe assigné à la naissance » (Glossaire de l'Orientation Sexuelle, Identité ou Expression de Genre et Caractéristiques de Sexe du Conseil de l'Europe). En réalité, les transidentités ont d'abord été comprises sur le plan médical *via* la notion de « transsexualisme ». Plus précisément, c'est Harry Benjamin en 1953, lorsqu'il écrit « *Transvestism and Transsexualism* » dans l'*International Journal of Sexology,* qui introduit à la fois le concept nosographique du transsexualisme ainsi que sa conception thérapeutique qui se veut hormono-chirurgicale. La question est donc au départ abordée sous le prisme médical et celui du soin à apporter aux personnes ressentant ce « trouble ». Avec Benjamin, « les personnes "transsexuelles" passent du statut "d'anormales" à celui de personnes "malades" », bien que l'idée de normalisation soit toujours présente, comme le démontre Arnaud Alessandrin dans l'ouvrage *Déprivilégier le genre*. Cet élément historique répond tout à fait à la définition de la sexualité donnée par Michel Foucault comme étant « un domaine pénétrable à des processus pathologiques et appelant des interventions thérapeutiques ou de normalisation [...] une parole obscure qu'il faut à la fois débusquer et écouter ». Du côté des États-Unis, surtout, se développent des thèses sur le transsexualisme dans les années 1950 et 1960. Le concept d'identité de genre est posé en 1964 par Robert Stoller et Ralph Greenson. Stoller écrira en 1978 que l'identité de genre correspond « à la quantité de masculinité ou de féminité que l'on trouve dans une personne ».

À côté du domaine médical, le concept de « genre » est utilisé dans les sciences sociales afin de décrire les inégalités entre les hommes et les femmes. Le genre comme construction sociale a d'abord été développé par Simone de Beauvoir dans son ouvrage *Le Deuxième Sexe,* au sein duquel la philosophe explique comment le rôle attribué à la femme est un construit et ne dépend pas de son sexe anatomique, génétique ou biologique. Outre-Atlantique, l'anthropologue Gayle Robin dans son article « *The Traffic in Women* » continue l'analyse de la domination de la femme grâce au concept de genre. Pour cela, elle effectue une lecture critique de plusieurs auteurs tels que Marx, Lévi-Strauss ou encore Engels. Le genre est donc d'abord utilisé en sciences sociales et humaines dans l'étude des inégalités entre les hommes et les femmes et de la domination subie par les femmes : c'est la racine de la théorie du genre. En parallèle, en France, les thématiques de la castration et du neutre sont largement abordées par les auteurs de la *French Theory* dans les années 1960 et 1970 et nourrissent une pensée qui pourra être utilisée comme matière dans les *gender studies*, dont le commencement peut être situé dans les années 1990 avec le livre de Judith Butler *Trouble dans le genre.* Toutefois, il est à noter que la pensée du neutre chez les auteurs français des années 1960 et 1970 ne constitue pas un courant annonciateur des *gender studies* telles qu'étudiées au sein des Universités américaines dans les années 1990, mais plutôt comme une matière réutilisée par les *gender.* Le terme « genre » n'apparait jamais chez les premiers comme un signifiant théorique majeur alors que dans les *gender,* et à partir de Judith Butler, ce terme devient central dans la pensée, comme l'indique elle-même la philosophe.

Cette dernière crée une conception permettant de voir le genre comme un concept performatif, c'est-à-dire qu'il est d'une part socialement construit par des énoncés du langage et d'autre part, qu'il crée une réalité par sa propre existence et par lui-même. Le genre est, dans les *gender studies,* un concept central qui permet de comprendre le trouble présent dans les interactions sociales, c'est-à-dire qu'il se détache de la répartition symbolique des sexes telle que donnée biologique. C'est également là que la pensée des *gender* se détache de la *French Theory,* qui prenait cette répartition symbolique pour acquise. Cela entraîne un tournant dans la théorie du genre : ne sont ainsi plus étudiées uniquement les inégalités entre hommes et femmes, puisque la répartition « homme/femme » est elle-même discutée. L'ensemble de la sexualité est donc remis en question. Il y a un véritable basculement. Le genre n'est pas ici étudié comme une donnée médicale et biologique intangible qui aurait des conséquences sur une société et sur une norme juridique donnée, mais comme un élément qui serait lui-même tangible et à déconstruire. Butler et Rubin constituent des auteures phares pour la compréhension actuelle du concept de genre. Ces dernières ont continué de produire des travaux sur le genre tout au long du XXIème siècle et ont pu publier ensemble. Aujourd'hui, il est possible de noter les travaux d'Arnaud Alessandrin et de Johanna Dagorn en sociologie. Ces derniers s'inspirent des travaux de Butler et reprennent sa conception du genre pour étudier en particulier les cas liés aux transidentités et travaillent notamment sur les discriminations liées au genre. L'ouvrage *Dépriviligier le genre* s'inscrit dans une continuité de réflexion de l'ouvrage *Défaire le genre* écrit par Butler. Également, Laure Bereni, sociologue, est spécialisée dans la sociologie politique du genre notamment dans le domaine du travail. Elle a pu notamment diriger avec Catherine Achin le *Dictionnaire genre & science politique* paru en

2013. De même, Alexandre Jaunait peut être cité comme une référence dans le domaine de l'étude du genre au sein de la science-politique. Avec Sébastien Chauvin et Anne Revillard, Alexandre Jaunait et Laure Bereni ont dirigé l'ouvrage intitulé *Introduction aux études sur le genre*, qualifié de « référence francophone sur le genre ». Cet ouvrage est mis à jour régulièrement et prétend être exhaustif et vulgarisateur sur l'ensemble des questions que pose le genre.

Cet engouement pour la question du genre peut être mis en parallèle avec le passage net des revendications liées au genre du domaine médical au domaine social. Selon Arnaud Alessandrin, ce sont les mouvements transidentitaires qui parviennent dans un premier temps à « désincruster les représentations trans du pathologique de la souffrance » afin de les « acheminer du côté de la demande de droit, de la visibilité et de la fierté ». Comme pour les revendications homosexuelles, il y a eu une extraction de la problématique médicale pour la réinscrire dans la problématique d'une politique des minorités et des normes sociales et juridiques de genre. Les revendications ne tournent plus autour d'une demande de reconnaissance simple d'existence, mais bien d'une reconnaissance juridique des identités transgenres et des différentes orientations sexuelles. Ici, le genre devient un concept adéquat pour porter ces revendications devant le droit, puisqu'il permet d'appréhender des réalités sociales plus diverses et moins stigmatisantes que le terme « transsexualisme » ne vise alors.

Par conséquent, ce phénomène d'ampleur sociale considérable a trouvé une résonance au sein du droit. La croissance des revendications de reconnaissance des identités de genre ont amené les Organisations internationales universelles et régionales à inciter les États à aller dans leur sens. Des indices montrent que le genre sera potentiellement bientôt un concept adéquat enregistré par le droit pour traiter de ces revendications. À ce titre, les organes internationaux spécialisés dans les droits de l'Homme, par exemple l'Expert indépendant sur l'orientation sexuelle et l'identité de genre aux Nations Unies, opèrent une poussée pour que ce concept soit intégré au sein des droits internes. Le genre n'est plus l'apanage d'une certaine catégorie de population, mais un concept disponible socialement qui a des conséquences sur le droit.

Si le genre n'avait jusque-là pas réellement suscité l'intérêt de la recherche en droit français, c'est à partir des années 2010 que les chercheurs commencent à prendre en considération le concept de genre comme outil pertinent. Notamment, le projet REGINE mené par Stéphanie Hennette-Vauchez, Diane Roman et Marc Pichard, a fait intervenir plusieurs universitaires et doctorants dans une perspective d'étude du droit français au crible de la théorie féministe. Financé par le programme non thématique de l'Association Nationale de la Recherche, ce projet s'est articulé en trois axes de 2011 à 2014 : l'acculturation du droit aux théories féministes, l'analyse des inégalités de genre portées par le droit et l'étude du genre comme élément permettant de repenser certains concepts juridiques. Le but était d'observer comment le genre pourrait être un concept adéquat, voire indispensable, pour repenser le droit interne et les problématiques d'inégalités. Il semble toutefois que ce projet aborde dans un premier temps le genre comme un concept permettant de redéfinir le « sexe » comme une notion sociopolitique toujours basée sur la dichotomie « masculin / féminin », comme le souligne le Centre de Recherches et d'Études sur les Droits Fondamentaux. C'est un travail de fond très riche sur la place actuelle et potentielle qu'occupe et que pourrait occuper le genre en droit interne. Ce projet fait intervenir plusieurs juristes de diverses spécialités, notamment Danièle Lochak ou encore Daniel Borrillo, spécialiste du droit des discriminations. Le programme n'a pas connu de suite depuis 2015 et la recherche en droit sur la question du genre est désormais plus individuelle. En effet, les problèmes juridiques que soulèvent le genre et le sexe intéressent la recherche en droit privé et public. Il semblerait que la question de la construction par le droit, d'une liberté de choix de l'identité de genre, n'ait pas encore été développée.

Le travail d'étude d'une liberté de choix de l'identité de genre s'inscrirait dans ce cadre de recherche. Il s'agira, en plus d'évoquer les changements que le droit opère sous l'influence des diverses revendications, comment le droit participe lui-même à la construction des identités de genre.

Plus que le « sentiment intuitif » décrit par Éric Marty dans *Le Sexe des Modernes*, l'impact du genre sur le droit semble désormais bien réel. Depuis les années 2010, le travail des associations et des ONG pour la reconnaissance juridique des identités de genre commence à porter ses fruits. En effet, les Organisations internationales sont de plus en plus productrices de droit souple sur la question de l'identité genre mais aussi, plus indirectement, de droit dur *via* la notion de discrimination. Cette production croissante en droit international interroge sur le mécanisme d'élaboration du droit à partir de demandes formulées grâce à travail associatif fourni. Il semblerait qu'un droit à l'identité de genre émerge de la réflexion en droit international sur le sujet. Le droit des Organisations internationales amorce un véritable travail d'incitation des droits internes à intégrer le concept de genre au sein de leurs appareils juridiques internes. Ce phénomène invite à s'interroger sur la tangibilité d'une réception en droit interne du concept de genre. De plus, ce travail de fabrication du droit trouve une résonance, puisque plusieurs États membres du Conseil de l'Europe commencent à adopter ce concept, à l'instar de Malte dans le *Gender Identity Gender Expression and Sex Characteristics Act* du 1er avril 2015. Le droit international semble ici endosser le même rôle incitatif au niveau des évolution en droit interne qu'il a joué en droit de l'environnement.

Le genre tend alors à devenir une part réelle de la construction de l'identité de l'individu reconnue par le droit, ce qui n'est pas sans poser de contradictions. En effet, le genre n'est pas assis sur une caractéristique physique visible de tous, mais constitue plutôt une part du secret de la construction de l'identité personnelle propre à chacun. Plus qu'un changement sémantique, l'appréhension du genre par le droit semble amorcer un changement de paradigme.

L'optique de la naissance d'une liberté de choix de l'identité de genre pose *a priori* un second problème au droit : celui de la contradiction d'une telle liberté avec les principes de l'indisponibilité du corps humain et de l'unité de la personne. Une liberté de choix de l'identité de genre ne signifie pas forcément que l'individu ne puisse choisir qu'une seule identité de genre. Là, le problème est celui de l'atteinte à l'unité de la personne juridique. Avoir plusieurs identités de genre signifie avoir plusieurs genres, ce qui signifierait potentiellement que plusieurs régimes juridiques pourraient s'appliquer à la personne selon le genre concerné. En outre, si l'individu dispose d'un droit opposable à changer son genre, alors il disposerait d'un pouvoir direct sur son corps. Dans ce cas de figure, l'État ne pourrait qu'accepter les changements physiques que ce dernier souhaite opérer sur son corps afin de rendre le droit à l'identité de genre pleinement effectif. Toutefois, cela entrerait en contradiction avec les principes d'indisponibilité et d'inviolabilité du corps humain.

Il apparait néanmoins que le droit international, dans son élaboration d'un droit à l'identité de genre, écarte ces problématiques conceptuelles qui ne concernent pas tous les systèmes juridiques internes. D'autre part, en droit interne, les principes d'indisponibilité et d'inviolabilité du corps humain ont déjà subi une entame importante avec la loi du 18 novembre 2016 de modernisation de la justice du XXIème siècle, qui autorise le changement de sexe à l'état civil sans intervention médicale préalable obligatoire. Certains indices invitent donc à penser que ces principes ne soient pas des obstacles insurmontables dans l'émergence d'une liberté de choix de l'identité de genre. Ce problème semble pouvoir être évacué ici, puisque cet ouvrage se concentrera sur la problématique d'une élaboration d'une liberté de choix de l'identité de genre comme produit d'une réflexion en droit international ainsi que sur les conséquences de sa création.

À ce titre, une des conséquences de l'émergence d'une liberté de choix de l'identité de genre serait une nouvelle manière de protéger les minorités sexuelles par la reconnaissance de leurs identités sexuelles. Le droit, en reconnaissant l'ensemble des identités de genre, serait plus performant. Il semble qu'il existe aujourd'hui un obstacle majeur à la protection des droits fondamentaux des minorités sexuelles : le fait que leurs identités ne soient pas toujours reconnues. Comment appliquer un régime juridique ou des droits donnés lorsque l'identité de la personne en droit n'est pas conforme à l'identité que cette personne vit au quotidien ? Paradoxalement, le droit entend protéger des personnes de la discrimination alors que lui-même ne reconnaît pas leurs identités, ce qui amène à une absence d'effectivité des droits fondamentaux de ces personnes. La liberté de choix de l'identité de genre permettrait alors une reconnaissance juridique massive de la pluralité des identités de genre et de rendre ainsi les droits fondamentaux effectifs, peu importe l'identité sexuelle choisie par l'individu. Cette liberté amorcerait également la possibilité pour l'individu de construire lui-même son identité sexuelle qui serait reconnue par le droit. Toutefois, comme cette nouvelle liberté resterait un instrument juridique, il importera d'interroger son émergence comme amorce d'une nouvelle manière pour le droit de construire des identités sexuelles.

La question qui guidera cet ouvrage sera donc : comment l'émergence d'une liberté de choix de l'identité de genre en droit international permet-elle une nouvelle approche de la construction juridique de l'identité sexuelle de l'individu ?

L'émergence de la liberté de choix de l'identité de genre sera étudiée sous l'angle de la confrontation des droits. Il s'agira alors d'étudier le processus d'élaboration du droit par le droit international vu comme un « laboratoire juridique ». À ce titre, seront analysées les productions juridiques des Organisations internationales universelles et régionales sur la notion d'identité de genre depuis les années 2010, et plus spécifiquement celles de l'ONU, du Conseil de l'Europe, de l'Union européenne, de l'Organisation des États américains et de l'Union africaine, ponctuellement. Ces productions constituent un ensemble juridique cohérent et très dense qu'il importera de visualiser dans son ensemble afin d'en déceler la ligne directrice qui semble être la future consécration d'une liberté de choix de l'identité de genre. Il sera intéressant d'utiliser ce droit qui est majoritairement souple en matière d'identité de genre afin de montrer comment un droit même non contraignant peut trouver des résonances obligatoires au sein des appareils juridiques internes. C'est ici que se situe le cœur de l'analyse du droit international comme place d'une émulation intellectuelle importante ayant vocation à être réceptionnée dans les divers appareils juridiques internes.

C'est pourquoi il importera également d'observer l'efficacité de l'émulation intellectuelle autour de la question d'identité de genre en droit international. Il sera ainsi intéressant d'observer les jurisprudences de certains pays en la matière, mais également les textes législatifs. En effet, plus que certains indices épars, il semblerait que la naissance d'une liberté de choix de l'identité de genre soit désormais un phénomène palpable avec des exemples juridiques très concrets qu'il conviendra d'étudier.

Une partie de la réflexion sera basée plus spécifiquement sur l'analyse de la jurisprudence de la Cour européenne des droits de l'homme, qui tend à être un instrument privilégié de compréhension du nouveau rôle du genre en droit depuis la fin des années 1980 jusqu'à nos jours. Ses enquêtes poussées sur l'état du droit dans les États membres du Conseil de l'Europe au sein de ses arrêts sera utilisé comme indice prégnant d'une évolution du droit dans le sens de la naissance d'une liberté de choix de l'identité de genre. Cela permettra l'importance du dialogue juridictionnel entre la Cour européenne et les Cours internes dans la construction d'une part, d'un droit *de* l'identité de genre et d'autre part, d'une liberté de choix de l'identité de genre. Au sein des dialogues jurisprudentiels plus particulièrement, celui entre les juges nationaux français et la Cour européenne est en ce sens « certainement le plus dense et le plus fructueux », comme l'explique Mathias Guyomar, juge à la Cour européenne . Ce phénomène trouve par ailleurs une traduction très concrète en matière de droit de l'identité de genre avec la condamnation de la France dans l'affaire *B. c/ France* en 1992 qui a permis en droit interne un droit à la rectification de la mention du sexe à l'état civil au profit des personnes transgenres et ce, deux décennies avant que le Code civil ne soit modifié.

En outre, il importera d'utiliser le droit interne dans toutes ses dimensions comme toile de fond à laquelle l'étude reviendra régulièrement. L'objectif sera d'observer comment se présente l'état du droit positif pour la réception d'une liberté de choix de l'identité de genre.

De même, les travaux de chercheurs en droit interne seront utiles pour l'analyse et pourront être complétés ponctuellement d'un éclairage sociologique ou philosophique qui sont des disciplines ayant une avance certaine sur le droit dans l'étude du genre.

L'aller-retour entre les droit international, comparé et interne sera utilisé tout au long de l'étude avec un objectif d'observation de la tangibilité de la naissance d'une liberté de choix de l'identité de genre comme nouvelle manière d'aborder la construction par le droit des identités sexuelles.

Chapitre 1 - L'apparition d'un droit à l'identité de genre en droit international

Il s'agira dans ce chapitre d'observer le processus qui a amorcé la naissance d'un potentiel droit à l'identité de genre au niveau international. Seront dans un premier temps étudiés les droits des minorités sexuelles concernant à la fois l'orientation sexuelle et l'identité de genre au niveau des Organisations internationales universelles et régionales. Le but ne sera pas de mélanger les questions d'identité de genre et d'orientation sexuelle, mais d'étudier ces deux ensembles comme part de l'identité sexuelle des individus et l'appréhension que le droit international en fait.

La prise en compte des minorités sexuelles au niveau international s'est, en ce sens, d'abord faite sous le prisme de leur protection juridique contre la violence et la discrimination avant de basculer vers une reconnaissance de leurs droits fondamentaux et d'un potentiel droit à l'identité de genre.

I. Le souci croissant du sort minorités sexuelles à l'échelle internationale

Une question mise en lumière par la société civile internationale

La société civile peut être définie de plusieurs manières. Dans son ouvrage *La notion de société civile,* Gauthier Pirotte indique qu'elle peut être : un lieu de contestation, d'opposition, d'innovation sociales ; comme une ouverture d'un système politique démocratique confronté à une crise de représentativité ; elle peut faire référence à des acteurs politiques, économiques, à des organisations d'individus réunis pour une même cause. La dernière acception sera celle retenue pour l'analyse. La société civile semble être un ensemble reconnu, bien que peu tangible, recouvrant un ensemble très hétérogène de formes organisées, de mouvements portant des thèmes et des enjeux de discussion variables. Il est à noter que la société civile internationale a tendance à devenir de plus en plus dense, comme le souligne Jean-Charles Lagrée dans son article « Société civile internationale, un concept à réévaluer », paru dans la revue *Esprit critique.* Les organisations d'individus issus de différents États ont par ailleurs tendance à croître avec elle. Il est possible de classer la société civile internationale en deux catégories : celle « faite des gens d'en bas dans leur quotidien » et celle faite « d'acteurs mobilisés ou organisés qui s'érigent en force d'action », explique Jean-Charles Lagrée. À ce titre, la question des droits des minorités sexuelles a d'abord été mise en avant par des personnes dans leur quotidien, qui se sont ensuite, pour certaines, rassemblées afin de créer des associations pour agir dans le sens de la reconnaissance des droits. La naissance de l'Internet a ensuite augmenté l'ampleur de ces mouvements. Cet instrument permet en effet la communication, l'échange et le rassemblement des individus sans avoir recours à un instrument juridique formel tel que l'association.

L'exemple de la formation militante homosexuelle aux États-Unis dans les années 1960 et 1970 pourra être pris comme point de départ de la réflexion. Il sera à partir de là possible de comprendre comment ce militantisme s'est étendu au-delà des frontières pour créer une résonance dans la société civile internationale, la faisant devenir du même coup une base solide de demande des droits par et pour ces minorités constituées.

Les émeutes ayant eu lieu au *Stonewall Inn* constituent un événement moteur dans le rassemblement de la société civile autour des questions des droits des minorités sexuelles. Ce bar new-yorkais accueillait clandestinement des personnes homosexuelles et transgenres et a été le théâtre d'une série d'événements violents de la nuit du 28 juin 1969 jusqu'au 3 juillet 1969. Une descente de police a lieu au *Stonewall Inn* dans la nuit du 28 juin, mais cette nuit-là, décrivent Fred Sargeant et Flavia Rando, « plutôt que d'accepter d'être arrêtés, les gens ont commencé à protester ». Ces émeutes ont rassemblé de nombreuses minorités sexuelles : homosexuels, bissexuels, mais aussi des personnes transgenres, qui se révoltent ensemble contre les arrestations et contre la violence subie. Ici, il est intéressant de voir comment cet événement de révolte entraîne par la suite une réunion de personnes afin de porter une demande de reconnaissance juridique de la différence. Ce moment fondateur du mouvement de libération gay permet la réunion de ces personnes qui transgressent le genre (*drag*, homosexuels, transgenres, bissexuels) qui favorise une action radicale groupée. Des groupes associatifs se forment ensuite, notamment le *Gay Liberation Front*. L'étude de cette organisation politique semble intéressante au niveau du droit, puisqu'elle était « la première organisation politique qui disait "on n'est pas comme vous, on ne veut pas être comme vous, on veut utiliser nos différences comme un outil de justice" », explique Flavia Rando. La première revendication juridique est donc celle de la « justice » en réponse à des violences qui sont traduites par les groupes comme étant injustes car basées sur des différences d'identité sexuelle. C'est un basculement car cette revendication est faite par les minorités sexuelles pour ce qu'elles sont, en conformité avec leur identité vécue et non pas pour se conformer à une réalité juridique ancrée.

La première *Gay Pride* a eu lieu à New-York afin de commémorer les événements de *Stonewall*. Elle avait pour objectif premier de donner une visibilité à la communauté gay américaine, par cette même communauté. Cette nouvelle unité conduit à donner une réalité aux revendications juridiques visant à l'égalité des droits peu importe l'identité sexuelle de l'individu. Il s'agit ici d'une demande de modification de l'état du droit formulée par la société civile internationale, puisque ce phénomène va rapidement s'étendre au-delà des États-Unis. En France, la première Marche des Fiertés a lieu en 1977. Si la question homosexuelle connaît après mai 1968 un activisme prégnant sur la scène publique, peu d'associations se penchent en France sur la question transgenre, qui se trouve parfois absorbée par les revendications homosexuelles.

En outre, les revendications juridiques liées à l'identité sexuelle vont peu à peu se séparer. Les revendications liées à l'orientation sexuelle vont se situer sur le terrain de la reconnaissance d'un modèle familial homosexuel, alors que celles liées à l'identité de genre, portées notamment par les personnes transgenres, demandent une reconnaissance juridique de l'identité de genre. À cet effet, Arnaud Alessandrin remarque que les années 1990 constituent le moment du rassemblement des personnes transgenres autour de cette revendication. Ce n'est que dans les années 2000 qu'une réelle « explosion associative » a lieu grâce à l'essor de l'Internet, explique-t-il.

Des associations nationales aux associations transnationales, le militantisme sur le sort des minorités sexuelles croît et intéresse à ce titre le droit d'une façon croissante. En effet, la naissance d'associations ou d'organisations politiques plus nombreuses signifie d'abord un pouvoir de pression plus important pour la prise en compte des revendications juridiques des minorités sexuelles. Ces organisations connaissent l'état du droit et peuvent donc le critiquer ou accompagner les minorités sexuelles. Ensuite, l'existence d'entités spécialisées signifie des revendications en droit plus précises. À titre d'exemple, l'Association Culturelle des Gays et Lesbiennes sourds de France portent des revendications liées aux inégalités dues à l'orientation sexuelle et à la marginalisation des individus du fait de cette orientation et de leur surdité.

De plus, ces associations se regroupent entre elles afin d'avoir un réel poids au niveau international et dépassent les frontières. Les Organisations internationales peuvent leur apporter leur soutien lors de la prise de décision au niveau juridique. C'est le cas par exemple d' ILGA-Europe, que l'Union européenne soutient, et qui constitue un acteur privilégié de communication des revendications juridiques au niveau européen. Cela montre bien le rôle déterminant qu'ont les groupements associatifs dans l'élaboration d'un nouveau droit : c'est parce que la société civile internationale interpelle les Organisations internationales que ces dernières pourront modifier leur droit. Les mobilisations jouent un rôle de porter à connaissance qui est essentiel dans le processus de modification du droit, puisqu'il permet à ce dernier de s'ancrer dans la réalité grâce à des paroles témoins.

Le processus de mise en lumière du sort des minorités sexuelles s'est fait grâce aux minorités elles-mêmes, vivant leur condition au quotidien. Le basculement s'est fait lorsqu'au lieu d'accepter le sort et l'absence de protection juridique qu'elles subissaient, elles se sont ralliées afin de revendiquer une protection juridique par rapport à leur identité vécue, même si cette dernière entre en contradiction avec une « normalité » imposée socialement. La première branche du droit à avoir pris ce phénomène en compte est le droit international des droits de l'homme.

La prise en compte d'un besoin de protection juridique par le droit international

Le droit international des droits de l'homme a dans un premier temps répondu aux revendications par des instruments permettant la protection des minorités sexuelles contre les discriminations et les actes de violence.

Plusieurs Organisations internationales universelles et régionales se sont saisies de la question de la protection des minorités sexuelles subissant des discriminations que ce soit au niveau de leur orientation sexuelle ou de leur identité de genre. Pour ce faire, des institutions et organes spécialisés dans les questions relatives à l'identité sexuelle et à la protection de la communauté LGBTIQ+ ont vu le jour. Le Conseil des droits de l'Homme, organe onusien, a par exemple créé le mandat de l'Expert indépendant sur l'orientation sexuelle et l'identité de genre en 2016 pour 3 ans, renouvelé en 2019. Cet Expert indépendant établit des rapports sur la situation des personnes LGBTIQ+ dans le monde ainsi que des recommandations à suivre au niveau du droit pour inciter les États membres de l'ONU à agir dans le sens d'une plus grande protection de ces personnes. De plus, régulièrement, l'Expert indépendant sur l'orientation sexuelle et l'identité de genre lance des appels à contributions dans la rédaction de ses rapports.

Au niveau des Organisations internationales régionales, la Commission Interaméricaine des droits de l'Homme, organe de l'Organisation des États américains, crée par sa 143ème session en 2011 une unité sur les droits LGBTI. En son sein se trouve le Rapporteur de la Commission Interaméricaine des droits de l'Homme sur les droits des personnes LGBTI, en fonction depuis 2014. Au niveau européen, le Comité des Ministres du Conseil de l'Europe a créé l'Unité Orientation Sexuelle et Identité de Genre (OSIG) en 2014 par la Recommandation CM/REC(2010)5.

Cette unité a pour but de « fournir un soutien technique et une expertise aux Etats membres » ainsi que des activités de sensibilisation. La reconnaissance juridique du genre est un de ses domaines d'actions privilégiés. Dans l'Union européenne, l'Agence des Droits Fondamentaux (FRA) a été créée en 2007, par le Règlement (CE) n° 168/2007 du Conseil du 15 février, afin de fournir une expertise technique en matière de droits fondamentaux aux institutions et aux États membres. Elle publie sa première analyse juridique comparative sur les questions LGBTIQ+ dans l'Union en 2008, qu'elle met à jour en 2010.

Cet ensemble d'unités spécialisées montre que, depuis les années 2010, la question des minorités sexuelles a été prise en compte par le droit des Organisations internationales. Si ces unités produisent majoritairement du droit souple et incitatif, leur poids au sein des instances décisionnelles de leurs Organisations respectives ne semble pas discutable. Elles jouent un rôle crucial dans le sens des décisions et rapports établis au sein de leurs Organisations mères. L'existence et la multiplication de telles unités est révélateur du fait que les revendications de la société civile internationale ont permis une avancée dans la protection de ces personnes. À cet effet, la plus grande part du travail de ces unités spéciales consiste à lutter contre les discriminations et les violences subies en raison de l'orientation sexuelle et de l'identité de genre. Par exemple, la Recommandation CM/REC(2010)5 invite l'unité OSIG à travailler avec les Etats pour « combattre les discriminations basées sur l'orientation sexuelle et l'identité de genre sur un terrain de douze thématiques ».

C'est donc sous le prisme de la non-discrimination que sont dans un premier temps abordées juridiquement les questions liées à l'orientation sexuelle et à l'identité de genre. Il est à ce titre possible de remarquer que chaque organisation aborde la non-discrimination envers les personnes LGBTIQ+ comme un préalable nécessaire. Les considérations tendent internationalement vers une protection des personnes quelle que soit leur identité de genre ou orientation sexuelle, bien que cette protection semble très hétérogène sur le globe. À ce titre, la Commission africaine des droits de l'homme et des peuples a, pour la première fois, rendu une Résolution sur la question des minorités sexuelles en 2014. Cette résolution concerne uniquement les abus et violence qu'il peut y avoir en Afrique contre les personnes du fait de leur identité ou orientation sexuelle présumée. Cette résolution « invite les Etats parties à s'assurer que les défenseurs des droits de l'homme exercent leurs activités dans un environnement propice exempt de stigmatisation, de représailles ou de poursuites pénales en raison de leurs activités de défense des droits de l'homme y compris les droits des minorités sexuelles » (Résolution 275 sur la protection contre la violence et d'autres violations des droits humains de personnes sur la base de leur identité ou orientation réelle ou supposée, CADHP/Res.275(LV)2014). En l'espèce, le seul droit reconnu explicitement aux minorités sexuelles est donc le droit de défense des minorités sexuelles. Là où les Organisations internationales occidentales avaient déjà amorcé la question de la protection des minorités sexuelles, les Organisations internationales orientales ont un certain retard dans la question du droit *de* l'identité de genre.

La question des minorités sexuelles fût prise en compte plus tôt sur le continent américain que sur le continent européen. Encore une fois, cette considération s'est faite sous le prisme du droit de la non-discrimination. La première audition publique concernant le manque de reconnaissance légale des identités de genre entraînant une discrimination (123ème session) a eu lieu en 2006 devant la Commission interaméricaine des Droits de l'Homme. Cette première audition permet de comprendre les revendications sur la reconnaissance juridique des identités de genre comme étant liées au droit à la non-discrimination. Cela semble aller dans le sens d'une plus grande reconnaissance des droits fondamentaux des personnes et comme une garantie du droit à ne pas être discriminé. De plus, le premier rapport de la Commission interaméricaine des Droits de l'Homme sur la question LGBTIQ+ date de novembre 2015. Ce dernier traite de la violence contre les personnes du fait de leur orientation sexuelle ou de leur identité de genre sur le continent américain. Il dresse un état des lieux des formes que prend cette violence, qui est accompagné de recommandations en vue de les faire cesser. Au niveau du droit, ces éléments se situent du côté du droit souple.

En choisissant de protéger les minorités sexuelles d'abord contre les violences et non pas par la reconnaissance des droits, les Organisations internationales démontrent l'urgence d'une protection nécessaire des populations LGBTIQ+ par le droit. De plus, la mise en avant de la lutte contre la discrimination répond dans un premier temps aux revendications des minorités sexuelles qui étaient au départ liées à leur révolte contre les violences qu'elles subissaient au quotidien sans protection juridique. Il est toutefois clair que la réaction du droit s'est faite à retardement, puisque ces revendications avaient déjà commencé dans les années 1960.

Cette question est en évolution constante. Le droit international est à ce sujet très prolifique, et chaque année, de nouveau rapports ou instruments paraissent. Par exemple, en 2016, le Conseil de l'Union européenne, dans ses *Conclusions sur l'égalité de traitement à l'égard des personnes LGBTI,* a pu inviter la Commission européenne « à rendre compte, pour la fin 2016 et tous les ans par la suite, des progrès accomplis par rapport à sa liste de mesures permettant de faire progresser l'égalité de traitement à l'égard des personnes LGBTI ».

Malgré une avancée notable en termes de reconnaissance des droits LGBTIQ+ en Occident, le droit à la non-discrimination reste toujours le prisme d'analyse du droit des minorités sexuelles. Cela signifie notamment qu'avant même de reconnaitre les droits qui pourraient leur être attribués en dehors des considérations liées à l'identité de genre ou à l'orientation sexuelles, les Organisations internationales s'attachent avant tout à lutter contre les discriminations.

Cela crée un paradoxe flagrant, puisqu'en refusant la reconnaissance de certains droits aux personnes en raison de leur orientation sexuelle ou de leur identité de genre, le droit alimente l'inégalité et la discrimination que lui-même combat. Les revendications de la société civile, notamment des associations, ne s'arrêtent pas à la protection juridique contre les violences. En effet, la volonté d'une reconnaissance de droits fondamentaux aux personnes LGBTIQ+ est prégnante. C'est cette demande qui a permis de reconnaitre juridiquement l'octroi de droits fondamentaux aux minorités sexuelles.

2. Le passage d'une protection juridique à une reconnaissance des droits des minorités sexuelles

La reconnaissance progressive des droits fondamentaux des minorités sexuelles

Le droit international a constitué, au fur et à mesure des avancées juridiques de chaque pays, un ensemble de règles juridiques, la plupart de droit souple, sur un droit *de* l'identité de genre. C'est un véritable corpus juridique qui a pu prendre forme dans le sens d'une incitation à la reconnaissance des droits fondamentaux aux personnes peu importe leur identité de genre et leur orientation sexuelle. La demande de la société civile concerne au départ une reconnaissance nécessaire d'une égalité entre les humains malgré leurs différences d'orientation sexuelle ou de genre. Si le droit s'est attaché à combattre dans un premier temps ces discriminations *via* des instruments juridiques contraignants, par exemple au sein de la Convention européenne des droits de l'homme ou de la Charte des droit fondamentaux de l'Union européenne, il importait qu'un cadre juridique intervienne également en matière de reconnaissance des droits fondamentaux aux minorités sexuelles.

Il ne peut sembler en effet que peu utile de combattre la discrimination par le droit lorsque le droit lui-même est discriminant. Il conviendra alors d'analyser les différentes évolutions qu'ont pu connaitre certains droits fondamentaux qui ont été étendus aux personnes sans considération de leur identité de genre ou de leur orientation sexuelle.

Pour reconnaître une égalité, la déclassification de l'homosexualité et du transsexualisme de la catégorie de « trouble mental » était nécessaire. Cette classification impliquait une anormalité de leur condition et plaçait ces personnes sur le terrain de la folie, ce qui entraînait une inégalité de traitement par le droit. À ce titre, en 1990, l'Assemblée mondiale de la santé a cessé de qualifier l'homosexualité comme trouble mental et a fait de même en 2019 pour le transsexualisme qui est désormais désigné par le concept « incongruité sexuelle » dans la CIM-11. Désormais, les questions liées à l'identité de genre se situent dans un chapitre ayant trait aux « situations relatives à la santé sexuelle », ce qui permet de sortir les problématiques liées à l'identité sexuelle de stigmatisations importantes. Cette nouvelle classification permet à la fois une meilleure prise en charge médicale des situations liées à la santé sexuelle et également d'ouvrir une nouvelle porte dans l'effectivité du droit à la santé des personnes transgenres.

Il est possible de remarquer que l'évolution dans le sens de l'octroi des droits fondamentaux aux personnes sans considération de leur orientation sexuelle ou leur identité de genre a majoritairement été impulsée par les Organisation internationales universelles et régionales, mais aussi par certains groupes d'experts internationaux sur la question de l'identité de genre. Les principes de Jogjakarta, pris à l'issue d'une réunion d'experts ayant pris place du 6 au 9 novembre 2006, étaient à ce titre précurseurs pour inciter à la reconnaissance des droits des minorités sexuelles. Ils constituent un véritable travail de synthèse et de clarification sur l'application des droits fondamentaux en matière d'orientation sexuelle et d'identité de genre. L'idée qu'ils dégagent est que les droits de l'Homme ne peuvent être appliqués en fonction de certains critères comme l'identité de genre ou l'orientation sexuelle. C'est pourquoi les principes de Jogjakarta s'accompagnent pour chacun d'entre eux de recommandations détaillées pour leur bonne mise en application par les États. Ces principes ont trouvé une résonance au sein des Organisations internationales, puisqu'ils ont été présentés officiellement devant le Conseil des droits de l'Homme des Nations Unies le 26 mars 2007.

Au niveau régional, le 7 décembre 2018, un rapport est publié par la Commission Interaméricaine des droits de l'Homme concernant la reconnaissance des droits des personnes LGBTI. Ce rapport constitue un tour d'horizon au sein des appareils juridiques des États membres de l'Organisation des États américains et des outils juridiques que ces derniers utilisent pour la reconnaissance des droits des personnes LGBTIQ+. La Commission Interaméricaine des droits de l'Homme reconnaît ainsi les progrès effectués sur le continent américain dans le sens d'une plus grande reconnaissance des droits des minorités sexuelles et de leur protection. Toutefois, elle rappelle que le manque de statistiques fiables sur la situation des personnes LGBTIQ+ au sein de certain États et de la discrimination qu'elles subissent tend à les invisibiliser, ce qui peut entrainer un manque d'effectivité des mesures prises par la reconnaissance de leurs droits fondamentaux. Ainsi, ce rapport tend également à dissocier la question de la protection des personnes LGBTIQ+ contre la discrimination de la problématique de la reconnaissance de leurs droits. De même, il permet de voir l'effectivité des droits fondamentaux des minorités sexuelles comme un outil juridique de protection des personnes LGBTIQ+.

Se développe alors une évolution vers une reconnaissance croissante de certains droits fondamentaux qui étaient jusque-là difficiles ou impossibles d'accès à certaines personnes en raison de leur orientation sexuelle ou de leur identité de genre.

Les outils juridiques mis en place par le Conseil de l'Europe et l'Union européenne témoignent de cette évolution du droit. Plusieurs droits et libertés sont visés par les jurisprudences, les rapports ou les communications des organes du Conseil de l'Europe et de l'Union européenne.

Par exemple, concernant la liberté de circulation des personnes au sein l'Union européenne, qui est l'une des libertés fondatrices du marché commun selon l'article 3 du Traité sur l'Union européenne notamment, la Commission s'est donnée pour objectif en 2015 de faciliter la possibilité pour les familles LGBTIQ+ de se déplacer au sein l'UE tout en voyant leurs droits garantis sur l'ensemble du territoire. Comme le droit des États membres en matière de reconnaissance de ces nouveaux modèles familiaux n'est pas uniforme, le but est de créer un socle pertinent afin que soient garanties les libertés fondamentales créées par l'Union, comme la liberté de circulation des personnes, dont découle le droit au regroupement familial par exemple. De même, l'Union européenne a œuvré assez tôt dans le sens d'une plus grande égalité de traitement au sein du marché du travail européen en adoptant une Directive sur l'égalité de traitement en matière d'emploi et de travail, le 27 novembre 2000.

Au sein du Conseil de l'Europe, l'application du droit au respect de la vie privée et familiale, consacré à l'article 8 de la Convention européenne des droits de l'homme, aux situations des minorités sexuelles a permis une évolution dans l'effectivité des droits de ces dernières. Concernant la vie de couple tout d'abord, la Cour européenne a indiqué qu'un couple de même sexe qui vit une liaison stable relève de la notion de « vie familiale » au même titre que la relation d'un couple de sexe opposé dans la même situation (CourEDH, 4 juin 2010, *Schalk et Kopf c. Autriche*, n° 30141/04). Si, concernant le mariage entre personnes homosexuelles, la Cour a pu constater l'absence de consensus entre les Etats membres du Conseil de l'Europe, sa jurisprudence se veut incitatrice afin de ne pas laisser les requérants sans « cadre légal spécifique » leur « offrant une reconnaissance et une protection » (CourEDH, *Orlandi e. al. c. Italie*, 14 décembre 2017, n°s 26431/12, 26742/12, 44057/12 et 6088/12). Elle insiste sur la nécessité « d'un cadre juridique capable de protéger les relations des requérants en tant que couple de même sexe », ainsi que le souligne Maïté Saulier. La ligne directrice est alors celle d'une reconnaissance juridique efficace et effective des unions entre personnes de même sexe, que ce soit par union civile simple, type PACS, ou par mariage. C'est ainsi que le Comité directeur pour les droits de l'Homme du Conseil de l'Europe a pu indiquer le 14 juin 2019 que conformément à l'évolution des mœurs en Europe et au regard de l'évolution de la jurisprudence de la Cour européenne des droits de l'homme sur la reconnaissance juridique des couples de même sexe, les États membres doivent travailler dans le sens d'une égalité de reconnaissance des droits entre couples homosexuels et hétérosexuels dans tous les domaines liés à la vie familiale.

Concernant le mariage des couples transgenres, la Cour laisse également une large marge d'appréciation aux Etats membres pour sa reconnaissance, comme elle l'a expliqué dans un arrêt du 16 juillet 2014, *Hämäläinen c. Finlande*. Toutefois, cette dernière avait pu déjà préciser qu'elle ne voyait aucune raison justifiant la privation des personnes transgenres du droit de se marier en toutes circonstances (CourEDH, Grande Chambre, 11 juillet 2002, *Christine Goodwin c. Royaume-Uni*, n° 28957/95). À noter également qu'en 2015, dans la Résolution 2048(2015), l'Assemblée Parlementaire du Conseil de l'Europe a appelé « à supprimer les dispositions limitant le droit des personnes transgenres à demeurer mariées à la suite d'un changement de genre reconnu » et « à veiller à ce que les conjoints / conjointes ou les enfants ne perdent pas certains de leurs droits ». Même si cette mesure n'a pas une valeur contraignante directe, elle dispose d'une valeur incitative forte au regard des évolutions juridiques de l'ensemble des États membres du Conseil de l'Europe et de la jurisprudence de la Cour européenne.

De plus, la Cour interaméricaine des droits de l'Homme a apporté une précision importante dans un avis consultatif du 24 novembre 2017 sur la marge d'appréciation laissée aux Etats membres par manque de consensus entre leurs législations. Le manque de consensus entre les législations ne peut, selon la Cour, être vu comme une justification à la perpétuation d'une négation des droits de l'Homme aux minorités sexuelles. Cela est une position importante, puisqu'elle permet d'effectuer un pas de plus vers l'incitation à l'adoption d'instruments juridiques favorables à la reconnaissance des droits aux minorités sexuelles.

Les Organisations internationales ont ainsi utilisé plusieurs instruments juridiques afin d'inciter les États à adopter des mesures juridiques de reconnaissance des droits des minorités sexuelles. C'est un véritable corpus juridique créé par ces Organisations qui permet d'édifier un droit *de* l'identité de genre et de l'orientation sexuelle. De plus, le dialogue entre les différentes institutions internationales et régionales permet une évolution de ce droit dans le sens d'un droit *à* l'identité de genre.

Une production juridique hétérogène sur un droit à l'identité de genre

Depuis les années 2010 particulièrement, un autre droit semble émerger du corpus juridique du droit *de* l'identité de genre : le droit *à* l'identité de genre, qui se traduirait par une reconnaissance juridique de l'identité de genre souhaitée par le sujet. Il s'agira de montrer comment se traduit cette émergence au sein du droit des Organisations internationales universelles et régionales en y ajoutant certains exemples de droit comparé utiles à la compréhension de ce nouveau droit.

Cela trouve une application privilégiée en ce qui concerne le changement des papiers d'identités de la personne qui souhaite changer de genre. Le Haut-Commissariat aux droits de l'Homme de l'ONU a, dans ce sens, incité les États dans un rapport du 12 juillet 2018 à établir « des documents d'identité officiels qui indiquent le genre que préfèrent les personnes sans plus exiger des conditions abusives telles que la stérilisation, le traitement forcé ou le divorce ». Cette recommandation s'inscrit dans la lignée d'un droit à l'identité de genre. En effet, ce droit consisterait en une liberté de choisir l'identité de genre souhaitée, qui serait alors opposable à la société. L'enregistrement par le droit de l'identité de genre choisie par la personne se traduirait par la délivrance de papiers d'identité conformes à cette identité sans conditions d'octroi abusives.

Aussi, l'Expert Indépendant sur l'orientation sexuelle et l'identité de genre du Conseil des droits de l'Homme des Nations Unies a établi des rapports allant dans le sens de la reconnaissance d'un droit à l'identité de genre. À ce titre, il explique, dans ses conclusions de 2018, par exemple : « *Self-determined gender is a cornerstone of a person's identity* », d'où l'importance de mettre en place non seulement des procédures juridiques de reconnaissance de genre, mais encore plus des procédures simples où la personne aurait un rôle décisionnel central. C'est ainsi que l'Expert préconise des procédures juridiques déclaratives du genre simples et accessibles, mais aussi de reconnaitre les identités non-binaires notamment.

Au niveau régional, la jurisprudence de la Cour interaméricaine des droits de l'homme indique dans son avis de 2017 que les États doivent respecter et assurer l'effectivité de la possibilité pour une personne de changer, ou d'enregistrer, les composantes de son identité sur les documents officiels sans intervention des autorités publiques ou de tiers.

C'est ici une véritable préfiguration d'un droit à l'identité de genre que la Cour est en train de développer, sans pour autant le nommer. Elle consacre ici le fait chacun puisse choisir son identité de genre et situe sur le terrain de l'évidence la reconnaissance de cette identité par l'État. Toutefois, ce glissement ne semble pas si évident que cela, puisque la question de la reconnaissance juridique de l'identité de genre ne fait pas encore l'objet d'un consensus au sein des États américains, selon un rapport de 2018 de la Commission interaméricaine des droits de l'homme.

Pourtant, de nombreux exemples de droit comparé permettent de voir la construction d'un droit *à* l'identité de genre comme une réalité en train de prendre racine. À ce titre, plusieurs pays proposent une reconnaissance de genres qui ne correspondent pas à la structure binaire « homme / femme », ce qui signifie qu'il existe d'autres choix de genre pour ceux qui le souhaiteraient. C'est le cas notamment en Argentine, en Australie, au Bangladesh, au Canada, en Californie et dans d'autres États américains, aux Fidji, en Inde, en Indonésie, au Mexique, au Népal, en Nouvelle-Zélande, au Pakistan, aux Philippines, au Samoa, en Thaïlande et aux Tonga.

Pour prendre l'exemple de l'Inde, l'existence juridique d'un troisième genre a pu être reconnue par Cour Suprême d'Inde le 15 avril 2014, dans l'arrêt *National Legal ser. Auth vs Union Of India & Ors* : « *Hijras, Eunuchs, apart from binary gender, [must] be treated as "third gender" for the purpose of safeguarding their rights under Part III of our Constitution and the laws made by the Parliament and the State Legislature.* » De même, certains pays d'Amérique latine tendent à adopter des procédures de modification de la mention du sexe à l'état civil simplifiées, comme le Mexique et la Colombie par exemple. En outre, la possibilité de faire apparaitre la mention « X » à la place du genre sur des passeports de certains pays commence à prendre de l'ampleur, les États-Unis ayant par exemple ouvert récemment ce choix aux américains.

En Europe également, certaines initiatives éparses laissent penser qu'un droit *à* l'identité de genre peut possiblement naitre. La Belgique a ainsi amorcé la reconnaissance de la fluidité de genre et des revendications des personnes non-binaires, ce qu'indique la Cour constitutionnelle de Belgique dans un arrêt du 19 juin 2019. L'Allemagne fût le premier pays européen à autoriser la mention « X » sur les documents d'identité. Au sein des

Etats membres du Conseil de l'Europe, en 2013, aucun n'admettait la reconnaissance juridique du genre par autodétermination. En 2019, neuf États le permettaient : la Belgique, le Danemark, la Grèce, l'Irlande, le Luxembourg, Malte, la Norvège et le Portugal selon un rapport du Comité Directeur pour les Droits de l'Homme au Conseil de l'Europe datant du 29 novembre 2019. Cela signifie que, désormais, au sein de ces neuf États, une personne peut choisir de modifier son genre sans avoir à passer par une validation tierce octroyée par un certificat médical ou une institution publique telle que la justice par exemple. Ce sont des procédures d'autodétermination du genre simplifiées, ce qui constitue le marqueur d'une future liberté de choix de l'identité de genre.

Par exemple, à Malte, le texte juridique encadrant cette nouvelle procédure d'autodétermination est le *Gender Identity, Gender Expression and Sex Characteristics Act* qui a été adopté le 1er avril 2015. Il indique en son quatrième point, premier alinéa : « *It shall be the right of every person who is a Maltese citizen to request the Director to change the recorded gender and, or first name and, first name* [sic], *if the person so wishes to change the first name, in order to reflect that person's self determined gender identity.* » Cette initiative a trouvé une résonance au sein du Conseil de l'Europe, puisque l'Assemblée parlementaire a pu saluer dans sa Résolution 2048(2015) l'émergence d'un droit *à* l'identité de genre, inscrit pour la première fois dans la législation maltaise, qui se traduit par le droit de toute personne à la reconnaissance de son identité de genre et par le droit d'être traitée et identifiée conformément à cette identité. Elle encourage à ce titre les États membres du Conseil de l'Europe à instaurer des procédures d'autodétermination pour les changements de sexe et de nom sur les papiers d'identité et invite « à envisager de faire figurer une troisième option de genre sur les papiers d'identité des personnes qui le souhaitent » (point 6.2.1 de ladite Résolution).

Le droit comparé permet de témoigner une évolution. En allant plus loin que les incitations formulées par les Organisations internationales, certains systèmes juridiques se veulent eux-mêmes sources d'inspiration pour le droit international et régional. Ce processus de production de la norme par le bas permet un retentissement d'autant plus important qu'il démontre la possibilité matérielle de ce système juridique. Toutefois, il est encore trop tôt pour dire si ce processus trouvera une résonance obligatoire au sein du droit des Organisations internationales qui se veut à ce niveau un laboratoire juridique où les expériences des différents pays se mêlent aux incitations.

Il y a donc une véritable émulation intellectuelle juridique autour d'un nouveau potentiel droit *à* l'identité de genre. Certains pays ont pu reconnaître ce droit au sein de leur législation et en ont donc fait un droit contraignant et opposable. En revanche, si les Organisations internationales saluent les diverses initiatives éparses de certains de leurs États membres, elles ne semblent pas prêtes à consacrer un droit à l'identité de genre de manière obligatoire. C'est uniquement au titre d'instruments juridiques non contraignants que ces initiatives sont saluées ou reconnues.

En conséquence, la production juridique sur un droit à l'identité de genre est éparse et inégale à travers le monde. Certains États sont très en avance sur la construction de ce droit et d'autres sont moins performants juridiquement sur cette question. Le rôle incitatif des Organisations internationales s'accentue sur ce point, mais ces dernières n'opèrent pas pour le moment de réelle harmonisation sur la reconnaissance juridique du genre. De plus, le droit international semble placer l'enjeu de la reconnaissance d'un droit *à* l'identité de genre vers celui d'une plus grande efficacité des autres droits.

Un long processus a permis d'arriver à la prise en compte juridique des identités de genre au niveau international. La réalisation de la nécessité d'une protection juridique des personnes LGBTIQ+, ainsi que la reconnaissance de certains droits fondamentaux jusqu'alors inaccessibles à ces dernières ont mené à la construction d'un droit à l'identité de genre. En conséquence, le Droit international offre une protection et reconnaissance croissantes aux minorités sexuelles. Il importera d'observer quelles sont les possibilités d'émergence d'un droit à l'identité de genre en droit français.

Chapitre 2 – La réception incomplète d'un droit à l'identité de genre en France

Il s'agira ici d'axer la réflexion sur le cas des droits des personnes transgenres en mettant de côté les droits relatifs à l'orientation sexuelle, même s'ils pourront, ponctuellement, être utiles au développement. La question transgenre permet d'aborder l'appréhension concrète par le droit des changements d'identité sexuelle ainsi que l'évolution juridique en la matière. Seront ainsi étudiées la problématique de la reconnaissance du changement de sexe à l'état civil et de sa démédicalisation procédurale.

Le rôle incitatif de la Cour européenne des droits de l'homme dans la reconnaissance des identités transgenres

Il s'agira ici d'observer l'évolution de la jurisprudence de la Cour européenne en matière de droits des personnes transgenres, puisque cette dernière a permis des changements d'envergure en droit français.

La jurisprudence de la Cour en matière de changement de la mention du sexe à l'état civil a connu une évolution rapide. En quelques dizaines d'années, les demandes transgenres ont été entendues et sont désormais acquises comme un droit au sein de la jurisprudence de la Cour. Toutefois, cela n'a pas toujours été le cas. En effet, dans l'arrêt *Rees c. Royaume-Uni* du 17 octobre 1986, la Cour avait considéré que ne constituait pas une violation de l'article 8 de la Convention européenne des droits de l'homme relatif au respect de la vie privée et familiale, le refus fait par un Etat d'octroyer à un transsexuel un statut juridique correspondant à sa condition réelle. En revanche, elle y recommandait alors « un examen constant [de cette question] eu égard, notamment, à l'évolution de la science et de la société ». Cela montrait que sa décision n'était pas figée dans le temps, et qu'elle restait ouverte à une potentielle modification de sa jurisprudence. De plus, l'importance que cette dernière apporte aux évolutions dans les différents États membres au regard de la science et de la société montre bien que la Cour considère la Convention européenne des droits de l'homme comme « instrument vivant à interpréter [...] à la lumière des conditions de vie actuelles » (CourEDH, 25 avril 1978, *Tyrer c. Royaume-Uni*, n° 5856/72).

Une première étape de l'évolution de sa jurisprudence intervient en 1992 dans l'affaire *B. c. France*, où la Cour conclut pour la première fois à une violation de l'article 8 de la Convention européenne dans une affaire relative à la reconnaissance de la nouvelle identité d'une personne transgenre. C'est ainsi que la Cour « estime indéniable que les mentalités ont évolué, que la science a progressé et que l'on attache une importance croissante au problème du transsexualisme ». Elle déclare que la personne se trouvait en l'espèce « quotidiennement placée dans une situation globale incompatible avec le respect dû à sa vie privée », puisque ses papiers d'identité ne correspondaient pas à sa nouvelle identité et indique qu'il existe « rupture du juste équilibre à ménager entre l'intérêt général et les intérêts de l'individu ». La Cour conclut finalement à une violation de l'article 8 de la Convention. Selon Danièle Lochak, cet arrêt ne peut être vu comme constituant un revirement de jurisprudence puisque la Cour se contente de comparer les situations entre la France et la Grande-Bretagne pour placer la condamnation sur le terrain d'une rupture du juste équilibre à ménager entre l'intérêt particulier et l'intérêt général.

Le revirement interviendra avec l'arrêt *Christine Goodwin* 11 juillet 2002, où la Cour condamne la Grande-Bretagne sur le terrain de l'article 8 mais aussi de l'article 12 de la Convention pour une situation dont le niveau d'ingérence était inférieur à celui de l'affaire *B. c. France*. Il s'agissait ici de reconnaitre au niveau de l'état civil le changement de sexe physique faisant suite à une opération chirurgicale. La demande était donc celle d'une reconnaissance par le droit d'un changement physique dans une idée d'alignement médical entre corps et esprit.

Cet arrêt est également l'occasion pour la Cour européenne d'appliquer le concept d'autonomie personnelle, que sous-tend l'article 8 de la Convention, au cas des transidentités (§90 de la décision). Cela permet à la Cour d'amorcer une réflexion sur le droit pour chacun d'établir les détails de son identité. Ainsi, avec l'arrêt *Christine Goodwin*, la Cour passe d'une réflexion sur la rupture du juste équilibre entre deux intérêts à la réflexion sur les conditions de jouissance par les personnes transgenres du droit à la vie privée et familiale.

L'évolution de la jurisprudence de la Cour ne s'est pas arrêtée là. Cette dernière a continué de développer une observation précise de la reconnaissance des identités transgenres en se référant toujours à l'idée d'évolution, de progrès dans la science et dans la société. De plus, le travail d'enquête effectué par la Cour afin d'observer les mouvements au sein des droits internes permet de nourrir la réflexion autour des droits des personnes transgenres.

Ainsi, en 2003, la Cour estime que la liberté de définir son appartenance sexuelle est une « liberté qui s'analyse comme l'un des éléments les plus essentiels du droit à l'autodétermination » (CourEDH, 12 juin 2003, *Van Kück c. Allemagne*, n°35968/97). C'est un passage de la reconnaissance par le droit d'un changement physique sexuel de la personne à une liberté pour cette dernière de changer d'identité sexuelle, ce qui marque un véritable basculement dans la construction du droit des transidentités. Cela signifie que l'identité sexuelle passe, d'un point de vue juridique, de la vie publique à la vie privée. En effet, la Cour analyse la construction de l'appartenance sexuelle de la personne comme une partie de sa vie privée dans laquelle les autorités publiques ne peuvent s'ingérer. Par ailleurs, la Cour avait déjà eu l'occasion de dire que le droit à l'autodétermination était couvert par l'article 8 de la Convention européenne, et que ce droit comportait « la faculté pour chacun de mener sa vie comme il l'entend ». Selon elle, cela pouvait « également inclure la possibilité de s'adonner à des activités perçues comme étant d'une nature physiquement ou parlement dommageable ou dangereuse pour sa personne » (CourEDH, 29 avril 2002, *Pretty c. Royaume-Uni,* n°2346/02). En plus de porter une atteinte au principe d'inviolabilité du corps humain, le droit à l'autodétermination permet aussi à l'individu une liberté de choisir son appartenance sexuelle. C'est une évolution remarquable que la Cour a opéré depuis l'arrêt *Rees c. Royaume-Uni.*

Il apparait plus précisément que la Cour développe une jurisprudence tendant à la consécration d'une réelle liberté individuelle de choix de l'identité de genre. Dans l'arrêt , *A.P., Garçon et Nicot* du 6 avril 2017, la Cour va plus loin dans son appréciation considérant que « le droit à l'identité sexuelle [...] est un aspect fondamental du droit au respect de la vie privée ». Cela a pour effet de répondre aux demandes de mise en conformité de l'identité juridique avec l'identité vécue. La Cour place la liberté de construire son identité sexuelle comme composante nécessaire de la vie privée, et érige un droit pour chaque personne de construire cette identité sexuelle. La jurisprudence de la Cour participe ainsi à la construction d'une liberté de choix de l'identité de genre et se veut plus insistante sur la reconnaissance des transidentités.

La Cour ne se contente pas d'inciter les États à adopter des instruments juridiques de reconnaissance des transidentités. Elle développe également une jurisprudence incitatrice en matière d'interdiction de la stérilisation forcée des personnes transsexuelles. L'affaire *YY. c. Turquie* traite d'un refus opposé à un particulier de subir une opération chirurgicale de changement de sexe étant donné qu'il n'était pas dans l'incapacité totale de procréer. La Cour répond le 10 mars 2015 que « les arguments avancés par le Gouvernement quant au risque de banalisation des interventions chirurgicales de conversion sexuelle et de détournement de ce type d'interventions par certains milieux » n'emportent pas sa conviction. Cela signifie qu'une porte est ouverte en ce qui concerne la possibilité de banaliser les opérations de conversion sexuelle sans avoir recours à la stérilisation, même si la Cour précise au paragraphe suivant la possibilité pour l'Etat de les contrôler pour des motifs de protection de la santé de l'individu. La Cour, dans l'arrêt *A.P., Garçon et Nicot c. France* a pu confirmer le caractère abusif des demandes de stérilisation comme condition de changement de sexe à l'état civil dans une condamnation de la France en 2017, qui intervient toutefois après une modification de la législation française à ce sujet.

Un bémol peut néanmoins être apporté à cette évolution rapide. En effet, depuis l'étude *Les ONG et les juges de la CEDH 2009-2019* de l'*European Centre for Law & Justice* (ECLJ), certaines critiques assombrissent l'évolution de la jurisprudence de la Cour dans le sens d'un droit plus ouvert. Ce rapport étudie les liens entre les ONG et les juges de la Cour européenne des droits de l'homme entre 2009 et 2019 qui s'avèrent parfois très étroits. Cela pose une possibilité d'élaboration du droit par des acteurs privés sans réelle légitimité démocratique. Un des résultats de l'enquête a été de découvrir que les ONG de la « galaxie Soros », dirigées par le milliardaire George Soros, étaient très présentes dans la sphère d'influence des juges de la Cour. Ces ONG font partie du projet *Open Society*. Le lien entre les juges de la Cour et ces dernières est un véritable problème, puisque cela implique un poids de ces organisation dans les évolutions jurisprudentielles. Cela pose un problème démocratique liée à l'absence de pluralité des idées. À ce titre, une évolution rapide de la jurisprudence de la Cour dans le sens d'un droit *à* l'identité de genre peut être à la fois une grande avancée pour les droits des personnes transgenres, mais également un problème. Si cette jurisprudence est le fruit d'une réflexion de la Cour influencée par des lobbies aux visées privées, la question de la légitimité du droit élaboré par la Cour se pose. Il importe d'observer ses variations futures avec beaucoup d'attention. Une évolution bénéfique aujourd'hui pourrait se révéler ne servir que quelques intérêts si le droit ne place pas certains garde-fous.

Il est cependant clair que cette évolution jurisprudentielle rapide a eu un réel impact sur le droit français qui a pu être modifié dans le sens d'une plus grande prise en compte des droits des personnes transgenres, bien que cette évolution fût lente et soit toujours incomplète.

Une reconnaissance imparfaite en droit interne français

Très peu de temps s'est fallu entre l'arrêt *B c. France* rendu par la Cour européenne et sa réception en droit interne français, puisque l'Assemblée plénière de la Cour de cassation a rendu un arrêt en ce sens le 11 décembre 1992. Toutefois, le passage du transsexualisme du domaine de la médecine à celui du droit fût un long processus en

France. De plus, l'analyse de la Cour du droit à l'autodétermination comme pivot la construction de l'identité sexuelle ne semble pas complètement pris en compte par le droit interne.

Le droit français est en effet marqué par des principes forts autour du corps humain qui empêchaient une réflexion juridique sur le changement de sexe à l'état civil. Le principe d'indisponibilité du corps humain, notamment, a été construit en réaction à une possible conception du corps comme objet. Ce principe protège le corps humain de la volonté individuelle et cette dernière est empêchée d'atteindre au corps de quelque façon que ce soit. Il est toutefois clair que ce principe est incompatible avec un changement de sexe de l'individu qui est censé être indisponible. De même, le principe d'indisponibilité touche les actes de l'état civil, qui ne peuvent souffrir de modification au gré des convenances. Il semble donc que certaines barrières en droit français expliquent une réception compliquée de la jurisprudence européenne en France. Cela permet de comprendre que le cas des transidentités a longtemps été simplement ignoré par le droit, ce qui entrainait une situation de précarité pour la communauté transgenre française.

Cette situation a commencé à évoluer après l'arrêt *B. c. France.* La Cour de cassation a accepté le 11 décembre 1992 de modifier sa position sur le changement de sexe à l'état civil d'une personne transgenre. Il est cependant possible d'observer dans les expressions que la Cour utilise que cette dernière ne souhaite alors pas ouvrir excessivement la possibilité de changement de sexe à l'état civil. Cette faculté n'est alors ouverte qu'aux « transsexuels vrais », « c'est-à-dire ne relevant ni d'un délire ni d'une perversion morale », explique l'Assemblée Plénière. La Cour de cassation situe alors clairement la transidentité sur le terrain d'une affection durable. Cette idée de vérité autour du sexe est prégnante dans la jurisprudence de la Cour de cassation, ce qui semblait pouvait être un argument pour limiter certaines dérives que le droit interne ne pouvait prendre en considération. Finalement, c'est bien la discordance entre une apparence physique du « transsexuel vrai », qui a subi des modifications physiques, avec des papiers d'identité indiquant son ancien sexe qui justifie la cassation de l'arrêt d'appel.

La transidentité a donc longtemps été appréhendée par le droit comme un trouble mental. Toutefois, cette vision s'est estompée sous l'influence de la Cour européenne et des associations militantes. En France, les personnes transgenres ne sont plus considérées comme souffrant d'une maladie mentale depuis le Décret n° 2010-125 du 8 février 2010. Plus récemment, la loi n° 2022-92 du 31 janvier 2022 interdisant les thérapies de conversion tend à confirmer une évolution vers une sortie des transidentités de l'anormalité. Toutefois, la dysphorie de genre peut toujours être déclarée par le médecin traitant lorsque le patient souhaite subir un traitement hormonal et parfois psychiatrique dans son processus de transition. Les soins ne peuvent être complètement pris en charge par la Sécurité Sociale que si une Affection Longue Durée est déclarée par le médecin traitant. Cela suscite de nombreuses critiques de la part des associations transgenres qui considèrent cet octroi aléatoire, comme le relèvent Hervé Picard et Simon Jutant dans un *Rapport relatif à la santé et au parcours de soin des personnes trans* pour le ministère de la Santé.

La démédicalisation totale des procédures juridiques pour le changement de sexe à l'état civil date en France de Loi n° 2016-1547 du 18 novembre 2016 de modernisation de la justice du XXIème siècle. Jusqu'à cette date, des certificats médicaux étaient systématiquement demandés afin de prouver l'affection médicale que subissait le requérant souhaitant modifier son sexe à l'état civil ainsi qu'une stérilisation préalable. De nombreuses associations poussaient dans le sens de l'abandon de ces conditions. En effet, la médicalisation de la condition transgenre laisse à la médecine dire « le bon » transsexualisme, conception qui avait jusque-là était reprise par la Cour de cassation avec l'idée de « transsexuel vrai ». Cette conception était manifestement en contradiction avec la jurisprudence de la Cour européenne ainsi qu'avec la position développée par le droit international, qui donne une place particulière au développement personnel de l'identité sexuelle et de l'identité de genre. Si la médecine constitue un intermédiaire à ce développement en posant des critères au changement de sexe, la personne est dépossédée de la possibilité de développer elle-même son identité de genre et est privée de l'opportunité de la faire reconnaître juridiquement. Il y avait donc un décalage entre les souhaits de la communauté transgenre et la réalité juridique.

Depuis la loi de 2016, la procédure juridique de modification de la mention du sexe à l'état civil est prévue aux articles 61-5 à 61-8 du Code civil. La démédicalisation de la procédure trouve une traduction au sein du troisième alinéa de l'article 61-6 du Code civil qui dispose que : « Le fait de ne pas avoir subi des traitements médicaux, une opération chirurgicale ou une stérilisation ne peut motiver le refus de faire droit à la demande. » Comme l'ajoute la circulaire du 10 mai 2017, cet article ne s'oppose pas à ce que le demandeur puisse produire des attestations médicales établissant un traitement médical suivi ou une opération chirurgicale de réassignation sexuelle effectuée, sans que ceux-ci ne soient « exigés » et dont « l'absence de production […] ne saurait conduire au rejet de la demande ».

À noter que le Conseil de l'Europe avait plus de cinq ans d'avance sur cette idée de démédicalisation procédurale. Dès 2009, le Commissaire aux Droits de l'Homme du

Conseil de l'Europe, Thomas Hammarberg, invitait les États à « cesser de subordonner la reconnaissance de l'identité de genre d'une personne à une obligation légale de stérilisation et de soumission à d'autres traitements médicaux ».

Certaines conditions restent néanmoins encore inscrites dans la loi pour changer la mention du sexe à l'état civil. Ainsi, l'article 61-5 du Code civil dispose en son premier alinéa que : « Toute personne majeure ou mineure émancipée qui démontre par une réunion suffisante de faits que la mention relative à son sexe dans les actes de l'état civil ne correspond pas à celui dans lequel elle se présente et dans lequel elle est connue peut en obtenir la modification. » L'alinéa 2 de cet article prévoit quant à lui que ces « principaux faits » peuvent être constitués par la présentation publique de l'individu comme appartenant au sexe revendiqué, qu'il soit connu sous le sexe revendiqué de son entourage familial, amical ou professionnel et qu'il ait obtenu le changement de son prénom afin qu'il corresponde au sexe revendiqué. En réalité, existe donc toujours l'obstacle de l'apparence physique et du comportement social à la possibilité de changer de sexe à l'état civil en France, même si cette procédure est facilitée par la loi de 2016. Demeure à ce titre la crainte d'une vision stéréotypée des juges et d'une appréciation du sexe juridique de la personne non pas à partir de son autodétermination mais à partir d'éléments de son comportement social notamment. Cela reste critiqué par les associations transgenres, puisque ce phénomène renvoie encore à l'idée d'une vérité du sexe, à l'heure où la fluidité du genre est préférée. Si le droit français a évolué dans le sens d'une plus grande reconnaissance des transidentités, l'adoption d'une liberté de choix de l'identité de genre ne semble pas d'actualité.

Des évolutions sont cependant à remarquer. Par exemple, le Défenseur des Droits joue un rôle clé dans la reconnaissance des droits des personnes transgenres. Ainsi, dans sa Décision cadre du 8 juin 2020, il « recommande à la ministre de la Justice de mettre en place des procédures de changement de prénom(s) et de la mention du sexe à l'état civil qui soient déclaratoires, accessibles et rapides, par la production auprès des officiers d'état civil d'une attestation sur l'honneur circonstanciée caractérisant un intérêt légitime, afin de garantir les droits fondamentaux et la dignité des personnes transgenres ». Ce sont ici les procédures d'autodétermination juridique du genre que le Défenseur des Droits recommande d'utiliser. Cela signifie qu'en droit interne également, les pressions pour la consécration future d'une liberté de choix de l'identité de genre s'intensifient.

De même, un rapport sur les parcours transidentitaires a été demandé par l'ancien Ministre de la Santé à deux spécialistes, Hervé Picard et Simon Jutant, dans la prise en charge des personnes transgenres et a été rendu en janvier 2022. Ce rapport indique que « l'enjeu prioritaire est de renouveler l'organisation des parcours de transition » et que l'autodétermination doit être un principe clé pour guider cette nouvelle organisation.

Si des améliorations peuvent être opérées en droit interne concernant la prise en charge de la reconnaissance juridique du sexe à l'état civil, un autre obstacle de taille semble s'ériger face à la consécration d'une liberté de choix de l'identité de genre : celui de la fixité des catégories juridiques.

Chapitre 3 – Une contradiction profonde entre rôle du droit et identité de genre

I. L'incompatibilité entre la fixité des catégories juridiques et la fluidité impliquée par le concept de « genre »

Ici, les cas des personnes intersexes et non-binaires ainsi que leurs revendications liées à la reconnaissance de leur identité de genre seront étudiés plus particulièrement. En effet, ces exemples sont intéressants pour constater les obstacles persistants en droit interne à la consécration d'une liberté de choix de l'identité de genre.

Les catégories juridiques comme ancrage de la binarité

Le droit, pour produire ses effets, apporte une attention particulière aux définitions, aux qualifications ainsi qu'aux catégories juridiques qu'il crée. Tout cela répond à une nécessité de sécurité juridique. Le lien entre les différentes étapes qui aboutissent à l'application d'un régime juridique est logique. Lorsque le droit est face à une situation factuelle, la qualification juridique de ces faits est nécessaire afin de lui associer une catégorie juridique, pour enfin lui appliquer le régime juridique correspondant. La qualification juridique d'une situation permet ainsi de prendre en compte la situation factuelle, de l'identifier juridiquement afin de lui conférer une légitimité d'existence, comme le souligne Danièle Lochak. *A contrario*, le vide juridique, c'est-à-dire l'absence de qualification par le droit menant à une absence de catégorisation juridique, peut conduire à illégitimer l'existence d'une situation. Par exemple, jusqu'à l'arrêt de la Cour de cassation de 1992, le vide juridique entourant la reconnaissance des transidentités empêchait de rendre cette situation légitime d'un point de vue juridique, puisqu'elle n'existait pas. La reconnaissance par le droit de la situation des personnes transgenres a permis une légitimité de leurs demandes juridiques.

Une fois la qualification juridique de la situation factuelle opérée, il convient de classer le résultat au sein des catégories juridiques, qui correspondent, selon Danièle Lochak, à « des classes ou ensembles de faits, d'actes, d'objets auxquels la loi ou toute autre norme attache des conséquences juridiques ». Elle constitue donc un véritable interface entre les faits et les règles de droit.

Il importe de remarquer que les catégories juridiques mises en place par le système juridique interne relèvent en partie de la dimension descriptive du droit, en plus de celle normative. Là où la dimension normative permet d'attribuer des conséquences juridiques à la situation classée, la dimension descriptive du droit permet de créer un discours, un langage particulier du droit, mais un langage qui « prétend "dire vrai" », comme l'indique Danièle Lochak. Il est encore une fois possible de faire un parallèle avec le concept de « transsexualisme vrai » développé par la Cour de cassation : le droit joue un rôle de créateur de vérité qui n'est validé que par lui-même. Ainsi, le droit participe à la perpétuation de l'idée qu'il existe une « "vérité" du sexe », pour reprendre l'expression utilisée par Judith Butler, par les pratiques régulatrices qu'il met en place, dont la catégorisation juridique fait partie.

Ainsi, le droit, en choisissant dans son langage de catégoriser les sexes par un enregistrement des données biologiques, décide lui-même de faire du sexe biologique binaire « homme ou femme » un critère adéquat pour en faire découler des effets de droit. À première vue, cette classification pouvait sembler correspondre à un découpage objectif issu de la réalité empirique. Or, « ce n'est pas parce que les hommes et les femmes existent comme catégories biologiques, sociales ou anthropologiques qu'ils doivent nécessairement exister comme catégories juridiques », souligne Danièle Lochak.

Il importe de rappeler alors que les catégories juridiques n'existent que parce que le droit le dit, ce dernier est performatif en ce qu'il fabrique des situations lui-même, sans que rien autour ne lui impose de le faire. De même, le droit n'est en soi qu'une fiction, ce qui signifie que les catégories juridiques qu'il crée le sont également. Par là-même, le changement de la catégorisation juridique est toujours possible.

Toutefois, la fiction et la performativité juridique permettent la stabilité, et il en va de même pour le sexe. Géraldine Delavaquerie explique en ce sens que l'état des personnes et le principe d'indisponibilité qui le protège permettent une stabilité du sexe. C'est en cela que le droit joue un rôle important de garde-fou dans de possibles dérives. Le droit est donc une fiction utile.

Il est néanmoins indéniable que cette fiction peut parfois être déconnectée de la réalité factuelle. À ce titre, apparaît un problème lorsque catégories juridiques et réalités factuelles ne se rencontrent plus. Les catégories présentent un problème de taille qui fait aussi leur efficacité : leur rigidité. Cela signifie que si le droit classe, selon une organisation que lui-même a établi, il peut parfois malmener la réalité en créant une sorte de bulle juridique parallèle. C'est ce qui semble se produire en ce qui concerne les problématiques autour du sexe et du genre.

Si le droit tenait à remplir une fonction descriptive exhaustive, alors il enregistrerait toutes les réalités. Toutefois, cela peut ne pas être désirable pour des raisons pratiques (budget de la justice, prise en compte des demandes et gestion de ces dernières), mais aussi pour des raisons morales liées à des traditions, à une culture donnée. Il est clair que le droit n'a jamais entendu, pour ce qui est du genre tout du moins, remplir cette fonction descriptive globale puisqu'il n'enregistre pas toutes les réalités.

D'abord, le droit catégorise les sexes sur la base d'une classification biologique faussée, puisque lui-même l'influence. En effet, l'intersexuation, définie par Philippe Reigné comme une « conformation biologique [...] qui n'est ni exclusivement mâle ni exclusivement femelle, mais est typique des deux à la fois ou non clairement définie comme l'un ou l'autre », existe bel et bien biologiquement mais pas en droit. Par ailleurs, la médecine est même parfois amenée à modifier des réalités biologiques afin de se conformer au droit. Ensuite, la qualification juridique de réalités sociales liées au genre peut entraîner des tensions. Par exemple, en ce qui concernait la prise en compte des demandes de changement de sexe des personnes transgenres, les catégories juridiques enfermaient le corps dans les principes d'inviolabilité et d'indisponibilité incompatibles avec les demandes et donc en contradiction avec une réalité sociale. C'est aujourd'hui la même chose par exemple pour les personnes se revendiquant « non-binaires », ni-homme, ni-femme, qui ne rentrent dans aucune « case » juridique.

En définitive, comme le souligne Geoffroy de Lagasnerie, les catégories juridiques peuvent opérer des découpages de la réalité qui mutilent cette dernière plus que n'en rendent compte. Il pourrait alors être intéressant, comme l'invite Judith Butler, de « développer dans la loi [...] un nouveau lexique légitimant la complexité de genre dans laquelle nous avons toujours vécu ».

Le droit crée des catégories juridiques qui fixent la binarité des sexes. Cette dernière, qui fait partie de l'état des personnes, semble alors intouchable ou sous de strictes conditions. Une telle situation semble incompatible avec la fluidité entrainée par la consécration d'une liberté de choix de l'identité de genre : le genre échapperait justement à toute catégorisation juridique, à moins d'une exhaustivité, pour être déterminé par l'individu lui-même.

Une opposition avec la fluidité de l'identité de genre

Une liberté de choix de l'identité de genre entraînerait la possibilité d'une reconnaissance de multiples genres, ce pourquoi elle rentre en partie en contradiction avec la catégorisation binaire actuelle. Les revendications liées à la reconnaissance de la multiplicité des genres concernent d'abord la prise en compte des réalités physiques multiples, comme le cas des personnes intersexuées en témoigne.

Le cas de l'intersexualité montre comment la médecine est parfois obligée de modifier une réalité physique et biologique afin que les personnes puissent rentrer dans une des catégories juridiques, notamment par le biais des opérations de réassignation qui ont lieu généralement au début de l'enfance. Ces opérations peuvent être physiques, c'est-à-dire qu'elles modifient le sexe anatomique de l'enfant. Elles peuvent aussi être hormonales, ce qui revient à administrer les hormones du sexe choisi pour l'enfant à l'enfant. Ces opérations sont aujourd'hui critiquées en raison de leur caractère mutilant et parfois traumatisant pour l'enfant intersexué. Lorsqu'il y a une difficulté à identifier le sexe de l'enfant pour effectuer un choix inscrit à l'état civil, le rôle du médecin est « d'essayer de se tromper le moins possible » de sexe dans l'opération, selon Pierre-Simon Jouk. Toutefois, il s'avère que de tels actes médicaux « ne sont pas nécessaires pour la santé physique, psychique ou sexuelle des personnes dans plus de 85 % des cas », selon la Délégation interministérielle à la lutte contre le racisme, l'antisémitisme et la haine anti-LGBT. Par ailleurs, en 2016, le Comité des droits de l'enfant de l'ONU a pu regretter l'existence en France d'une politique publique qui favorise les interventions chirurgicales sur les nouveau-nés intersexués pour leur donner une identité précise, malgré la visée purement esthétique et sociale de ces dernières. Il est ainsi clair que le droit n'enregistre pas, comme il tend à le faire croire, le sexe comme créé par la nature, puisque l'intersexualité existe bien naturellement. La tradition du droit français qui impose une indisponibilité de l'état des personnes entre donc en contradiction avec les revendications liées à la reconnaissance juridique d'une pluralité de genres.

Une liberté de choix de l'identité de genre permettrait de prendre en compte la possible fluidité du genre. Le rôle du droit ne consiste pas ici en la reconnaissance d'un état de fait, comme ce serait le cas pour l'intersexualité, mais concerne la reconnaissance du sentiment intime d'appartenir à un genre ou à un autre. Cette demande peut néanmoins rejoindre celle des personnes intersexes en ce que ces dernières peuvent souhaiter une fluidité de leur genre, ce qui pourrait même être vu comme cohérent au regard de l'indétermination de leurs caractéristiques physiques. Il est par ailleurs possible de prendre pour exemple les personnes se qualifiant de « non-binaires », c'est-à-dire qui se considèrent comme n'étant ni totalement homme, ni totalement femme ou même ni totalement les deux. Selon une enquête menée par l'Obs et l'institut de sondage YouGov en 2019, 14 % des 18-44 ans interrogés ne se retrouvent pas complètement dans la dichotomie « homme-femme », tandis que 6 % d'entre eux considèrent que le terme « non-binaire » leur correspond « tout à fait », 8 % que ce terme leur correspond « plutôt ». 8% des personnes ayant 45 ans et plus interrogées disent se retrouver dans cette expression. Il semble alors que ce phénomène prenne de l'ampleur et il importe alors que le droit observe de près cette évolution.

Près de la France, la Cour constitutionnelle belge a sanctionné une loi en ce qu'elle ne permettait pas la possibilité de changer de sexe à l'état civil pour les personnes dont l'identité de genre est non-binaire. Selon elle, « le principe de l'autodétermination doit faire en sorte que, lors de la modification de l'enregistrement du sexe dans l'acte de naissance, il puisse être tenu compte [...] de l'identité de genre vécue intimement, que celle-ci soit binaire ou non binaire » (Cour constitutionnelle de Belgique, n° 99/2019, 19 juin 2019). La Cour reprend ainsi le principe de l'autodétermination développé par la Cour européenne des droits de l'homme. Cette décision consacre la reconnaissance juridique d'une fluidité du genre, qui ne serait alors pas enfermé dans les cases de la binarité. Ce qui est intéressant ici est que la décision ne pose pas de condition médicale ou sociale à remplir pour avoir accès à cette liberté de choisir l'identité de genre souhaitée. Le principe de l'autodétermination permet à lui seul de redonner une place importante à l'individu dans la construction de son identité sexuelle.

Il est à noter que le terme « non-binaire » ne constitue qu'une nouvelle identité de genre revendiquée. Il y a une multiplication des qualifications liées à l'identité de genre, à tel point que certains ont pu parler, comme Arnaud Alessandrin, d'une « explosion des identités ». Cela peut sembler paradoxal : là où la recherche de la fluidité du genre prime au sein des revendications LGBTIQ+, la recherche de la catégorisation précise est également de mise. Ce dernier phénomène pourrait alors être utile au droit, car toute qualification précise pourrait éventuellement nourrir une réflexion juridique sur les régimes à appliquer pour une reconnaissance juridique adéquate.

Intervient alors une réflexion sur ces demandes. Comment les appréhender de manière exhaustive ? Comment le droit peut-il y répondre ? Si des exemples comme celui de la Belgique montrent des avancées annonciatrices d'une meilleure appréhension de la question du genre en droit, il se peut que la multiplication des qualificatifs entraîne une nouvelle problématique juridique. Les demandes liées à la reconnaissance d'une fluidité du genre révèlent un effacement de la dichotomie genrée, au profit d'une galaxie d'identités nouvelles que l'individu choisirait au gré de son sentiment intime, qui pourrait alors varier grâce au concept de fluidité.

Ce nouveau phénomène semble révélateur de ce que Zygmunt Bauman qualifie de « société liquide » ou de « modernité liquide », qu'il applique à la question des identités dans un ouvrage du même nom. L'étude de l'identité de genre sous le prisme de cette étude semble intéressante pour comprendre l'insaisissabilité de ce concept. Si l'enjeu de recherche de l'identité est de plus en plus prononcé, c'est notamment parce que les individus sont en recherche permanente d'un groupe, « d'un "nous" auquel s'intégrer », indique-t-il. La multiplicité, la spécialisation et l'engouement des mouvements associatifs au sein du groupe LGBTIQ+ démontrent l'importance de cette recherche et l'attachement de l'individu en quête de son identité, sexuelle certes, mais part de son identité quand même. La fluidité de genre incluant la possibilité de pouvoir en changer à n'importe quel moment peut être rapprochée de la logique du « monde liquide » décrite par Bauman. Dans ce monde constitué d'identités fluides, changeantes, ce à quoi correspondent les revendications liées à la fluidité de genre, il s'agirait de passer au plus vite d'une chose à l'autre.

Alors, les catégories juridiques entrent définitivement en contradiction avec cette « modernité liquide » créant des « identités (de genre) liquides ». En effet, « se laisser enfermer dans une case au détriment d'infinies possibilités n'est guère une perspective [...] attrayante », explique

Bauman. Cette citation décrit bien le cœur du problème : les « cases » juridiques enfermeraient définitivement les individus dans la binarité, alors que d'infinies possibilités d'identification existent pour se construire et se déconstruire.

Ainsi, la solution que le droit pourrait logiquement apporter dans ce schéma de pensée est celle qu'il est en train d'apporter : celle de l'autodétermination. À côté de cela, il est tout de même possible d'imaginer que le droit ne sera pas dénué de tout rôle. L'émergence de l'identité de genre elle-même en tant que catégorie juridique pourrait permettre de redéfinir non seulement la transidentité, comme le souligne Alexandre Jaunait, mais aussi toutes les identités liquides liées au genre qui apparaissent.

Une liberté de choix de l'identité de genre pourrait être l'instrument juridique adéquat pour répondre aux revendications de reconnaissance juridique des identités, alliant autodétermination et protection par le droit.

2. Un nouvel enjeu dans l'identification juridique de la personne

Actuellement en droit, le sexe biologique reste l'assise principale de l'identification de la personne, bien qu'en déclin, et le genre, qui traduit une réalité sociale, émerge comme une réalité juridique dans le processus d'identification.

Il importera d'analyser comment le droit identifie toujours la personne par son sexe, analyse qui se fait quasi-exclusivement sous le prisme du sexe biologique et anatomique, mais également comment le genre tend peu à peu à gagner sa place dans le processus d'identification de la personne.

Le déclin du sexe comme assise naturelle de l'état civil

En droit, les actes de l'état civil permettent d'identifier les personnes. Plus que cela, selon Bernard Teyssié, ces actes permettent de « connaitre » la personne, d'« informer » autrui sur sa condition juridique, mais aussi parfois de « prouver » des éléments de son identité lorsque cela s'avère nécessaire. Par exemple, l'acte de naissance marque l'existence de la personne et sa reconnaissance par le droit et par la société. Selon l'article 57 du Code civil, plusieurs mentions sont obligatoires au sein de cet acte de naissance, notamment le jour, l'heure, le lieu de naissance de l'enfant, mais aussi son nom, son prénom, ou encore son sexe.

Le processus d'attribution du sexe juridique à la naissance peut se décrire selon trois conditions, exposées par Géraldine Delavaquerie dans son article « Vers une disparition du sexe juridique. Regard sur le sexe comme élément de l'état des personnes ».

D'abord, l'immédiateté de la détermination du sexe. L'article 56 du Code civil indique que « l'acte de naissance sera rédigé immédiatement », ce qui ne laisse pas de place à l'hésitation.

Ensuite, c'est le déclarant mentionné à cet article qui se charge d'indiquer le sexe du nouveau-né. Selon une jurisprudence constante, il existe une obligation de rattacher l'enfant au sexe masculin ou féminin lors de l'établissement de l'acte de naissance, même en présence d'anomalies organiques (voir notamment C.A Paris, 18 janvier 1974, D. 1974, concl. Granjon. ; Cass. Civ. 1re, 4 mai 2017, n° 16-17.189.). Nous ne reviendrons pas ici sur les problèmes que cela peut poser dans les cas où il est médicalement douteux voire impossible de se prononcer immédiatement sur le sexe de l'enfant, comme dans les situations d'intersexualité, développés *supra*.

Enfin, le sexe anatomique et le sexe juridique doivent être identiques. À ce titre, comme le prévoit l'article 56 du

Code civil, c'est le déclarant qui informe sur le sexe de l'enfant. Le caractère de la reconnaissance est donc « rudimentaire », selon l'expression de Daniel Borillo, puisque ne sont regardés que les organes génitaux externes du nouveau-né la plupart du temps. Il n'y a donc pas une nécessité de recherche des détails biologiques et chromosomiques du sexe pour permettre son enregistrement légal. Le sexe que la loi enregistre est donc le sexe anatomique.

Jusqu'à récemment, dans l'esprit de la loi, le sexe constaté dans les actes d'état civil au moment de la naissance était normalement celui qui allait suivre l'individu tout au long de sa vie dans ses papiers d'identité. Le réexamen de ce sexe juridique n'était alors pas envisageable : le sexe constaté l'avait été une fois pour toute. Cela s'expliquait car les éléments morphologiques qui ont permis un premier classement à la naissance n'avait pas pour vocation à s'inverser au cours de la vie de l'individu. En outre, malgré les demandes de changements de sexe allant croissant au cours du XXe siècle, le juge se montrait réticent quant à la modification de l'ordre sexuel établi. En témoigne une jurisprudence constante de la Cour de cassation jusqu'en 1992 : pour elle, le sexe chromosomique ne pouvait souffrir d'atteinte. De même, selon la Cour, seuls les sexes anatomique et hormonal pouvaient être modifiés artificiellement (Cass. Civ. 1re, 16 décembre 1975, n° 73-10.615) et « le transsexualisme, même lorsqu'il est médicalement reconnu, ne [pouvait] s'analyser en un véritable changement de sexe, le transsexuel, bien qu'ayant perdu certains caractères de son sexe d'origine, n'ayant pas pour autant acquis ceux du sexe opposé » (Cass. Civ. 1re, 21 mai 1990, n° 88-12.829).

Aujourd'hui, cette conception du changement de sexe a évolué grâce à l'influence du droit des Organisations internationales. Il s'avère cependant que persiste la nécessité de l'assignation d'un sexe à la naissance pour identifier juridiquement le nouveau-né, comme l'indique un arrêt de la première chambre civile en date du 4 mai 2017. La conception retenue est celle de l'obligation d'un choix du sexe à la naissance qui pourra potentiellement être modifié par l'individu lorsqu'il sera en capacité de le faire, s'il existe un désaccord entre cette identification juridique et l'expérience qu'il vivra intimement de son genre.

Cette possibilité de modification *a posteriori* du sexe pose la question de la légitimé de l'obligation de choix dès la naissance d'un sexe parmi deux sexes déjà catégorisés par la loi. De plus, l'identification juridique par le sexe n'est pas d'une grande utilité durant l'enfance, puisqu'en général, ce sont les détenteurs de l'autorité parentale qui assurent les aspects juridiques de la vie de l'enfant. Il pourrait alors être intéressant de réfléchir à un modèle de choix du sexe *a posteriori* par la personne en âge et en capacité de le faire pour son identification juridique dans les domaines où cela est nécessaire.

C'est notamment pour répondre aux demandes des personnes transgenres que le sexe biologique connait ces dernières années un déclin en tant que critère d'identification juridique de la personne. Ce déclin s'est effectué en plusieurs temps.

D'abord, puisque la loi était muette sur la question des transidentités, ce sont les juges qui ont pris en main cette notion et qui ont donné une première réponse aux demandes de changement de sexe. Le juge européen, puis le juge interne reconnaissent la possibilité de changer la mention du sexe à l'état civil. Le sexe sur l'état civil ne semble donc plus résister à une manipulation intervenant ultérieurement à son enregistrement. Ensuite, la Cour européenne, dans l'arrêt *Christine Goodwin* de 2002, indique qu'« il n'est pas évident que l'élément chromosomique doive inévitablement constituer – à l'exclusion de tout autre – le critère déterminant aux fins de l'attribution juridique d'une identité sexuelle aux transsexuels ». Cette mise en doute marque le deuxième temps du déclin du sexe comme élément privilégié d'identification de la personne en droit. Le troisième temps de ce déclin est marqué par la prise en compte par le législateur, dans la loi du 18 novembre 2016, des demandes des personnes transgenres ainsi que des incitations venant du droit international. La démédicalisation de la procédure de changement de sexe ainsi que la suppression de l'exigence de stérilisation semblent amorcer une bascule ainsi que la fin du sexe biologique comme assise de l'identité sexuelle de l'individu en droit.

L'importance du sexe anatomique comme mode d'identification de l'individu semble demeurer le moyen d'identification privilégié de l'individu à la naissance. Au contraire, son importance tend à s'effacer tout au long de la vie de la personne et c'est ici que le genre pourrait devenir un critère d'identification juridique plus pertinent. Toutefois, ce concept nouveau est peu présent en droit interne et ne semble pas être totalement adopté pour identifier la personne aujourd'hui, ce qui peut marquer l'existence d'une période de transition.

L'émergence limitée du genre dans la réalité juridique

Il s'agira de concentrer la réflexion sur la reconnaissance du terme de « genre » dans le droit et d'analyser si ce dernier pourrait, dans le futur, constituer une nouvelle catégorie visant à remplacer le sexe à l'état civil. En effet, le genre figure dans des textes juridiques plus nombreux, même s'il s'agit surtout de textes de droit souple.

L'utilisation par le droit de ce concept permet d'effectuer un parallèle avec le phénomène de catégorisation juridique de la race que décrit Danièle Lochack. Cette dernière écrit qu'il est possible de considérer la race comme « une catégorie juridique dès lors que le droit l'intègre à son lexique et lui attache des conséquences juridiques ». Le genre semble suivre le même processus, puisque les textes de droit souple permettent d'influencer le droit dur ou de détailler sa mise en application, et donc d'attacher des conséquences juridiques à ce nouveau concept.

Plusieurs indices montrent que le genre émerge dans la réalité juridique et pourrait devenir une catégorie juridique pertinente pour identifier l'individu. Le terme « genre » a d'abord fait son apparition dans des textes de droit international. Ce terme a été évoqué dans des textes internationaux pour la première fois le 25 juin 1993 dans la Déclaration et le Programme d'action de Vienne, pour évoquer les personnes « transgenres ». Le Programme d'action de la quatrième Conférence mondiale sur les femmes qui s'est déroulée à Beijing en 1995 a notamment permis de consacrer juridiquement la notion de genre. Bien que le terme n'y figure pas, sa conception y est nettement développée. À ce moment-là, le genre servait à conceptualiser les rapports qu'entretiennent homme et femme ainsi que les inégalités attenantes.

Les travaux de l’Expert Indépendant des Nations Unies sur l’orientation sexuelle et l’identité de genre ont permis d’étendre la conception du genre en droit international. Le but était d’éviter les amalgames entre le sexe et le genre qui sont vécus différemment par les personnes concernées. Le genre et le sexe ne peuvent en en effet être considérés comme des notions interchangeables, comme l’explique le rapport de l’Expert. Si l'on considère le genre comme une construction sociale et culturelle des rôles ainsi qu’un ensemble d’attitudes sociales attribuées à un individu selon ses caractéristiques sexuelles biologiques, il est possible de comprendre que l’identité de genre ne se limite ni aux femmes ni aux personnes transgenres. En effet, chaque être humain vit dans des sociétés genrées, « imprégnées d’idées préconçues et marquées par les hiérarchies de pouvoir », indique l’Expert. Cette position fait donc du genre un concept plus qu’adapté pour désigner les rapports entre êtres humains, que le droit pourrait réceptionner.

En droit français, le genre gagne également de l’importance. Le Défenseur des Droits joue un rôle primordial pour la promotion du terme « genre » comme pertinent dans le langage juridique. Ainsi, il recommande dans une décision du 18 juin 2020 l’utilisation des termes « identité de genre » et « personnes transgenres » car la transidentité est une expérience indépendante de la morphologie et donc du sexe des personnes. Le Défenseur des Droits souligne par cette recommandation l’inadéquation du terme « sexe » pour désigner certaines situations liées au genre.

Toujours en droit français, certains principes font toutefois obstacle à l’émergence du genre comme nouvelle réalité juridique pertinente, comme celui de l’indisponibilité de l’état des personnes qui pose le sexe comme une donnée presqu’intangible. Si l’état des personnes est indisponible il n’est cependant pas immuable.

Certaines composantes de l'état civil peuvent être modifiées sans procédure juridique contraignante. C'est le cas notamment du prénom, dont la procédure de changement est déjudiciarisée depuis la loi n° 2016-1547 du 18 novembre 2016 : « Toute personne peut demander à l'officier de l'état civil à changer de prénom. La demande est remise à l'officier d'état civil du lieu de résidence ou du lieu où l'acte de naissance a été dressé », dispose l'article 60 du Code civil. Bien que toujours laissée à l'appréciation de l'officier d'état civil, cette procédure semble moins contraignante que pour le changement de sexe. Le principe de l'indisponibilité de l'état des personnes n'est pas absolu puisque le législateur est maitre pour délimiter son périmètre d'application afin de rendre plus « disponible » l'état civil, laissant la place à des procédures déclaratoires pour la modification du prénom ou, potentiellement, du sexe.

Toutefois, certaines limites interrogent la pertinence de la reconnaissance du genre comme critère d'identification juridique de la personne.

Le droit prévoit une possible modification de la mention du sexe à l'état civil, ce qui semble donner *a priori* un nouvel appui légal au genre. Même si ce dernier n'est pas mentionné, l'idée d'un « sexe de l'esprit », expression d'Alexandre Jaunait, est celle qui prime avec la mise en conformité de ce dernier avec les documents d'identité de l'individu. Toutefois, les conditions juridiques à remplir pour changer de sexe à l'état civil, énumérées à l'article 61-5 du Code civil, traduisent une émergence en demi-teinte du genre comme moyen d'identification de la personne. Le fait qu'une tierce partie, la justice, vérifie que l'apparence physique de la personne est en adéquation avec le genre choisi pose un problème. La conformité entre l'apparence physique de la personne et le genre qu'elle choisit est en vérité donnée par les réalités sociales dictées par le sexe biologique, ce qui constitue une limite de taille au processus d'émergence du genre dans la réalité juridique.

Au lieu de créer une réelle distinction entre sexe et genre, la législation et la jurisprudence françaises font toujours concorder le sexe biologique avec le genre par le truchement de l'apparence physique et du comportement social. Cette conception renvoie à celle selon laquelle le genre est celui avec lequel la personne est perçue en société, ce qui est basé sur le regard de l'Autre et de ses *a priori* et non sur la volonté subjective qui devrait être respectée *a posteriori*. À ce titre, pour le droit positif interne, le genre ne constitue que le reflet social d'un sexe biologique donné, alors même que, dans les revendications LGBTIQ+, le genre servirait à se détacher de ce sexe. Si l'on comprend le genre comme un sentiment intimement vécu, le sexe biologique et les caractéristiques physiques liées à ce dernier ne devraient pas rentrer en ligne de compte.

De plus, le fondement juridique pour autoriser le changement de sexe est aujourd'hui le droit au respect de la vie privée, comme le traduisent les arrêts de la Cour européenne au niveau européen et de la Cour de cassation au niveau interne. Ce fondement semble biaiser lui-même une possible reconnaissance juridique pleine et entière du genre, puisqu'il continue d'établir un lien flou entre le sexe biologique et le genre. Dans l'esprit de la jurisprudence, le changement de sexe du requérant au niveau juridique permet d'éviter qu'une discordance entre la mention du sexe dans ses papiers d'identité et son comportement social ne révèle sa transidentité aux tiers. Ce fondement permet de justifier par exemple la possibilité de laisser apparaitre le sexe de naissance à côté du sexe de réassignation dans les actes de naissance, puisque cette situation ne semble pas affecter la vie privée du requérant. C'est ce qu'explique la Cour dans l'arrêt du 17 février 2022, *Y v. Poland.*

Ce fondement juridique pose un problème car il entretient un paradoxe. Il semblerait que le droit interne entretienne une réticence à l'utilisation du genre comme critère juridique pertinent dans le changement de la mention du sexe à l'état civil. Ce faisant, le juge préfère utiliser le fondement du droit à la vie privée plutôt que celui du droit à l'autodétermination pour justifier un changement de sexe à l'état civil. Cette situation amène à un malaise juridique, puisque des décisions de changement de sexe sont rendues sur le fondement du respect de la vie privée, alors même que les conditions imposées par le droit pour obtenir ce changement ne respectent pas la vie privée du requérant.

Le droit ne reconnaît alors pas le genre comme critère pertinent pour identifier la personne, mais comme un sentiment à mettre en accord avec le sexe. C'est en réalité le sexe juridique, présent dès le départ, qui est modifié pour être conforme au genre. Le changement de sexe ne répond aucunement au respect du droit à l'autodétermination et à l'identité vécue de la personne, mais est un instrument juridique mis en place pour permettre le respect de sa vie privée. Or, n'est-ce pas en fondant les possibilités de changement de sexe sur la vie privée que le droit entretient ces discriminations ? Pourquoi ne pas tout simplement admettre que la personne « a changé de catégorie de sexe », comme le propose Philippe Reigné, afin qu'elle soit reconnue, non pas pour être protégée du regard des autres, mais pour elle-même ?

Finalement, plus que de préserver un état des personnes afin de garantir une sécurité juridique, le droit opère un flou dans l'identification de la personne. Sexe biologique ou genre ? Un lien confus est fait entre les deux en droit interne, et si l'intention est celle d'aller vers une consécration du genre comme élément d'identification, le chemin à parcourir reste long. Par ailleurs, l'identité sexuelle de la personne semble de moins en moins imposée par le droit pour être choisie par elle.

3. Le passage d'une identité imposée à une identité choisie

L'identité sexuelle est aujourd'hui imposée par le droit, notamment pour des considérations d'ordre public, mais la liberté de choisir son identité de genre permettrait à la personne de construire son identité sexuelle.

L'identité sexuelle assignée par le droit

Dans ce développement, le terme « identité sexuelle » sera préféré au terme « d'identité de genre » étant donné que ce dernier terme est moins utilisé en droit français. Toutefois, si le terme d'identité sexuelle concerne à la fois l'appréhension qu'a l'individu de son genre, ainsi que son rapport au sexe qui englobe l'orientation sexuelle et la sexualité, l'analyse s'axera ici uniquement sur l'aspect lié au changement de sexe tel qu'appréhendé en droit positif. Il ne s'agira pas ici de traiter des relations sexuelles de l'individu mais uniquement du sexe en tant qu'élément d'identification de ce dernier.

L'identité sexuelle fait intervenir deux notions qui intéressent le droit et qui sont encadrées par lui : l'identité et le sexe.

L'identité, d'abord, peut se comprendre dans une globalité réunissant deux aspects : l'identification, qui permet à l'individu de s'individualiser par rapport à un autre, mais également la personnalité, c'est-à-dire la faculté que l'individu a de dire qui il est, ce à quoi il croit, comme l'explique Xavier Bioy. Selon Fanny Vasseur-Lambry, l'identité peut être ainsi appréhendée comme le produit d'une interaction entre l'identité personnelle, identité pour soi, et l'identité sociale, construite par autrui.

Ici, le droit joue un rôle ambivalent, puisqu'il intervient dans les deux facettes de cette construction. Il est un tiers nécessaire dans la construction de son identité par la personne, soit parce qu'il l'encadre strictement, soit parce qu'il l'autorise. Le droit, en tant qu'instrument d'organisation de l'État, identifie les individus, ce qui lui permet de disposer « d'un inventaire précis » des familles qui se créent afin d'organiser au mieux la société, comme le souligne Bernard Teyssié. Ensuite, il intervient dans la construction de la personnalité de l'individu en mettant en place des droits et des libertés dont ce dernier dispose pour façonner cet aspect de son identité. L'identité sexuelle n'échappe pas à la règle puisque le droit la réglemente, jusqu'à l'imposer.

Comme indiqué précédemment, le droit interne opère une focalisation sur le sexe anatomique aujourd'hui plus que sur le genre dans le processus d'identification de la personne. Par ailleurs, même le genre sera finalement souvent imposé à la naissance par des stéréotypes de sexe, que le droit a par ailleurs lui-même contribué à alimenter. Cela se fait malgré l'individu et en dépit de sa volonté personnelle, puisque le droit considère l'enfant mineur, et *a fortiori* le nouveau-né, comme incapable. Cela dit, le fait d'imposer à la naissance que le sexe anatomique sera le sexe retranscrit sur l'état civil est déjà un moyen d'imposer à l'individu quel sera son sexe en attendant que ce dernier puisse choisir de le modifier. De plus, le fait d'encadrer sous de très strictes conditions les éléments de la sexualité et de la disponibilité du sexe par les individus constitue également une manière d'imposer une identité sexuelle, bien que d'apparence plus disponible pour l'individu qu'à sa naissance.

Il existe toutefois certaines raisons à l'encadrement de l'identité sexuelle de l'individu. Le droit, selon Caroline Bugnon, organise la sexualité dans un souci de sauvegarde de « l'ordre public sexuel », qui peut être défini comme un ordre de valeurs communes à « préserver de la menace que peut représenter l'exercice de la sexualité ». Le sexe est devenu un enjeu public investi par le savoir et les injonctions du droit. Caroline Bugnon explique alors que l'ordre public sexuel serait composé à la fois du consentement individuel à l'acte sexuel, que le droit encadre *via* le droit pénal mais qui ne nous intéressera pas ici, et de la différence juridique des sexes, ce qui suppose l'indisponibilité de l'identité sexuelle. La première chambre civile Cour de cassation a ainsi pu rappeler le 4 mai 2017, à l'occasion de la demande de la reconnaissance d'un sexe neutre à l'état civil que la dualité des sexes dans les actes de l'état civil poursuivait un but légitime, puisqu'elle était nécessaire à l'organisation sociale et juridique dont elle constituait un élément fondateur. L'argument en défaveur de la consécration d'un sexe neutre est celui selon lequel cette dernière entrainerait de nombreuses modifications législatives de coordination. Ainsi, l'indisponibilité de l'identité sexuelle de l'individu est marquée par l'impossibilité pour ce dernier de choisir un autre genre que ceux permis par le droit.

Si l'individu ne peut disposer totalement de son identité sexuelle, alors il est possible de penser que le droit construit lui-même cette identité et l'impose. Ce sont les considérations d'ordre public qui prescrivent les choix faits par le droit en matière d'identité. Cela explique pourquoi les individus homosexuels et transgenres ont mis du temps à voir leurs demandes reconnues. En effet, ces derniers étaient considérés comme allant à l'encontre de la vérité biologique selon le raisonnement du droit interne, ce qui signifie qu'elles menaçaient l'ordre public sexuel établi. Ce phénomène a donc simplement mené à l'ignorance juridique de la condition de ces personnes durant un temps. Le même phénomène s'applique encore aujourd'hui au cas des personnes intersexuées, qui ont longtemps été considérées par la société comme criminelles car « leur disposition anatomique, leur être même embrouillait la loi qui distinguait les sexes et prescrivait leur conjonction », indiquait Michel Foucault.

Toutefois, le balancier tend à s'inverser et la question est désormais de trouver un équilibre entre la liberté sexuelle que le droit accorde de manière croissante aux individus et la préservation d'un ordre public basé sur des valeurs communes mais peut-être obsolètes aujourd'hui. C'est ici qu'il y a une difficulté, puisque le droit dicte aujourd'hui des faits et les impose, alors même qu'il n'y a parfois aucune synergie avec l'identité vécue par la personne, ce qui se traduit par de fortes revendications militantes contre le droit en place et pour sa modification. Si le droit se veut garant de la préservation de certaines valeurs qui ne sont plus partagées par la communauté, il risque de créer des identités juridiques discordantes avec celles vécues. Cela ne peut qu'entrainer une tension entre l'« objectivisme du droit des personnes », imprégné d'ordre public, qui rencontre le « subjectivisme des droits fondamentaux », explique le Professeur Bioy. À côté de cela, le droit entend aussi stabiliser les identités de la communauté par en les imposant aux individus, dans un souci de sécurité juridique. Les individus doivent pouvoir être identifiés, et le sexe est une caractéristique qui permet de le faire.

Le droit impose des règles encadrant la construction des identités sexuelles pour des considérations d'ordre public. Cela crée une réelle discordance entre les attentes individuelles de construction de l'identité et les considérations de sécurité juridique dont le droit se préoccupe. C'est ici que la liberté de choisir son identité de genre opérerait un déplacement. De l'identité sexuelle juridiquement imposée, l'individu obtiendrait alors par le droit une liberté de construction de cette même identité.

La liberté de construction de l'identité sexuelle

Le terme « d'identité sexuelle » sera également préféré ici car l'individu construit son identité sexuelle à la fois par le choix qu'il fait individuellement de son identité de genre, mais aussi par le rapport qu'il entretient sexuellement avec autrui, c'est-à-dire le choix de son orientation sexuelle et de sa sexualité. Il semble que ces deux composantes soient juridiquement en train de basculer vers la vie privée de l'individu de manière complète, et échappent de plus en plus à la réglementation juridique. Ce basculement sera le point d'ancrage de l'analyse.

Daniel Borillo explique que la construction de l'identité sexuelle de chacun en droit a tendance à passer du domaine de l'ordre public à celui de l'ordre privé. Plusieurs exemples témoignent de ce glissement. Dans la jurisprudence de la Cour européenne, la place importante accordée aux droits à l'identité vécue et à l'autodétermination, consacrés dans l'arrêt *Pretty* de 2002, dans l'analyse de l'identité sexuelle démontre que l'individu est invité à construire lui-même cette part de son identité. Plus qu'une autorisation, le développement de droits qui permettent une construction de l'identité protège de manière croissante l'individu d'une ingérence potentielle des autorités publiques. De plus, la Cour a pu clairement consacrer un droit à l'identité sexuelle comme « aspect fondamental du droit au respect de la vie privée » (CourEDH, 6 avril 2017, *A.P., Garçon et Nicot c. France*, n°s 79885/12, 52471/13, 52596/13).

De même, la Commission Interaméricaine des droits de l'Homme a appelé en 2018 les États membres de l'Organisation des États Américains à s'assurer que chaque personne ait le droit de définir son identité de genre et sexuelle de manière autonome et que les papiers officiels d'identité en soient le reflet. L'individu tend ainsi à gagner une place plus importante dans la construction de son identité sexuelle, puisque le droit donne un pouvoir d'opposabilité à une décision prise par sa volonté seule.

En droit interne, la Circulaire du 10 mai 2017 explique que c'est la « volonté de la personne » de se présenter en société comme appartenant au sexe intimement vécu qui peut permettre la mise en concordance du sexe revendiqué avec celui inscrit à l'état civil. Bien que l'apparence soit toujours un élément important dans le processus juridique de changement de sexe en droit interne, l'idée est de donner une place plus importante à la volonté de l'individu dans la procédure.

La consécration d'une liberté de choix de l'identité de genre serait un potentiel aboutissement de ce processus et entrainerait un basculement. En ayant la liberté de choisir son identité de genre, l'individu pourrait construire lui-même une part de son identité sexuelle en s'affranchissant des obligations imposées par le droit. Intervient ici la notion d'identité personnelle, qui peut être comprise comme « le fait pour l'individu de se percevoir comme une conscience de soi distincte de toutes les autres et de revendiquer un certain nombre d'attributs personnels établissant cette distinction », selon le Professeur Ségur. La construction personnelle de l'identité permet à l'individu de s'individualiser, et cela semble être une possibilité garantie juridiquement, puisque le droit à l'identité personnelle tend à être érigé au rang des droits fondamentaux, selon la Professeure Vasseur-Lambry. L'interdiction de la discrimination envers les minorités sexuelles par des textes juridiques de plus en plus nombreux participe notamment à cette fondamentalisation du droit à l'identité personnelle, et plus spécifiquement ici à un droit à la construction de son identité sexuelle. En effet, en protégeant les minorités sexuelles contre des discriminations, le droit condamne ces dernières. Il participe donc à autoriser les individus à embrasser pleinement l'identité sexuelle qu'ils ont choisi en les empêchant de subir une quelconque atteinte du fait de ce choix.

Aussi, l'individu n'aurait alors à passer par aucune médiation externe pour construire son identité sexuelle. Les procédures d'autodétermination du genre constitueraient un instrument juridique adéquat pour mettre en œuvre cette liberté. De plus, cela permettrait une consécration de la place importante de l'autonomie de la volonté de l'individu dans la construction de son identité sexuelle. Il n'y a, dans ces procédures, plus aucun tiers pour vérifier une exactitude du choix : c'est l'individu et l'individu seul qui est maître de son identité sexuelle que le droit ne fait qu'enregistrer. Le droit prendrait alors en compte une forme de subjectivité individuelle au lieu d'une vérité objectivante (Alexandre Jaunait).

Toutefois, il peut exister des risques à la possibilité pour l'individu de construire lui-même son identité sexuelle, qu'il ne faut pas ignorer. Bauman écrit pour développer l'idée d'une « société liquide » que : « les liens humains sont véritablement fragiles et, dans une situation de changement constant, on ne peut pas s'attendre à ce qu'ils demeurent indemnes ». Cela expliquerait pourquoi il serait aujourd'hui difficile de s'engager sur le long terme et de toujours prévoir des issues de secours lorsque les engagements sont incontournables.

Cela peut être transposé aux relations amoureuses et sexuelles, mais aussi à la relation que l'individu entretient avec lui-même. La question se pose des engagements de la personne envers elle-même, puisque si ses relations avec les autres sont de plus en plus fragiles, les liens de construction de sa propre identité semblent aussi très fragiles. La question de l'Autre ne doit pas être omise : le rapport à l'Autre reste également un moyen de construire cette identité. En effet, l'individu en appartenant à plusieurs groupes sociaux peut se construire lui-même une personnalité qui sera autonome et originale, par un tri des valeurs au sein de ces groupes. Ainsi, par ses rapports sociaux, l'individu pourra construire aussi son identité sexuelle. Au contact des autres et de soi-même, l'individu va pouvoir se construire une multitude d'identités. Parmi ces identités, il lui importera de ne pas confondre celles librement choisies par lui, et celles plaquées sur lui par son entourage, met en garde Bauman, ce qui peut arriver dans des groupes aux revendications identitaires très fortes comme c'est le cas des communautés LGBTIQ+. L'incertitude de l'appartenance au groupe pourrait remettre en question la construction que l'individu a fait de son identité sexuelle en étant influencé par le groupe.

Si les liens humains sont fragiles et peuvent être remis en question d'un jour à l'autre au sein de notre « société liquide », comment pouvoir alors être sûr de la stabilité de la construction de l'identité ? Se pose ici un problème de taille pour le droit. Le risque sera celui d'une instabilité chronique des identités sexuelles. En outre, se pose un paradoxe : la reconnaissance par le droit des identités sexuelles se traduit de manière croissante comme une nécessité à la protection des minorités sexuelles ; mais en même temps, il est contraire au principe de stabilité et de sécurité juridique que le droit reconnaisse des identités sexuelles mouvantes. Il serait alors opportun, si une telle liberté venait à être consacrée, d'opérer une mise en balance entre les intérêts individuels et ceux de la société.

La liberté de choix de l'identité de genre peut, *a priori*, être utile en ce qu'elle permettrait à l'individu de construire lui-même son identité sexuelle que le droit se contenterait d'enregistrer. Une telle liberté permettrait plus qu'un simple enregistrement des identités sexuelles des individus.

Chapitre 4 – Une nouvelle liberté, clé d'une meilleure protection des minorités

La liberté de choix de l'identité de genre permettrait une meilleure reconnaissance de l'identité de genre par le droit, ce qui protégerait les minorités en rendant leurs droits effectifs. Toutefois, cette liberté pourrait paradoxalement amorcer une désexualisation du droit à terme.

La reconnaissance des identités de genre est dans un premier temps nécessaire pour arriver à une égalité des droits, mais pourrait aboutir à terme à la construction d'un droit indifférent au genre (*genderblind*).

I. Une reconnaissance juridique comme préalable nécessaire

Pour pouvoir pleinement protéger les minorités sexuelles, le droit doit pouvoir dans un premier temps les reconnaitre et cette reconnaissance doit être efficace. Si les minorités souhaitent à terme s'affranchir du droit dans la détermination de genre qui relèverait du domaine de la vie privée, ces-dernières entendent aussi voir le droit reconnaitre les identités qu'elles se seront construites. La reconnaissance joue en effet aujourd'hui un rôle central dans les revendications, puisque « lorsque nous demandons à être reconnus pour ce que nous sommes, nous souhaitons davantage que de nous voir attribuer la dignité d'êtres humains ou que de ne pas être traités de manière discriminatoire. Nous voulons en outre être valorisés », souligne Soraya Nour. Plus qu'une reconnaissance de l'existence des minorités, la reconnaissance juridique permettrait d'apporter un regard positif de la société sur leur situation et de garantir les droits.

Le désir d'affirmation des minorités au niveau public se couple à la volonté de placer la construction de leur identité sur le domaine de la vie privée. En effet, la contradiction entre vie publique et vie privée est ici atténuée, puisque c'est bien une reconnaissance juridique publique d'un processus effectué par l'individu pour lui-même et par lui-même en privé qui est demandée ici.

Il peut ici être intéressant de faire une analyse du droit à la reconnaissance de la personnalité juridique, puisqu'il pourrait fonder une justification à l'autonomie de la construction de l'identité, selon le Professeur Bioy, et ainsi légitimer le changement d'identité de genre. Le droit à la reconnaissance de la personnalité juridique est consacré par Pacte relatif aux droits civils et politiques de 1966 à l'article 16 : « Chacun a le droit à la reconnaissance en tous lieux de sa personnalité juridique ». Ce droit avait déjà été mentionné dans l'article 6 de la Déclaration Universelle des Droits de l'Homme en 1948. Le droit à la reconnaissance de la personnalité juridique semble être « le premier des droits de l'homme », comme l'indique le Professeur Bioy, en ce qu'il permet à la personne d'avoir des droits en étant intégrée au jeu social. Lorsque la société, par le biais du droit, attribue à un individu la personnalité juridique, cela signifie une reconnaissance de son existence. Pragmatiquement, la personnalité juridique est acquise à la naissance sous réserve que l'enfant naisse vivant et viable. La personnalité juridique, par ailleurs, est celle qui accueille les droits et obligations qui permettent à la personne d'être un sujet de droit. Le droit à la reconnaissance de la personnalité juridique ne se confond pas avec l'état civil, mais ce dernier est une traduction concrète de ce droit. En fait, le droit à la reconnaissance de la personnalité juridique implique une obligation d'établissement d'un état civil.

Il ne s'agit pas ici de contester l'attribution de ce droit aux minorités sexuelles, mais plutôt de mettre en question sa pleine effectivité. Si l'état civil, vu comme la traduction matérielle du droit à la personnalité juridique, ne correspond pas à l'identité vécue par le sujet, on peut valablement estimer que le droit prévu par l'article 16 du PIDCP ne produit pas totalement ses effets. La société ne prive pas la personne d'état civil mais elle lui donne un état civil « bancal » puisqu'il ne reflète pas l'identité de genre qu'elle vit. Cela semble déjà être un obstacle majeur à l'effectivité des droits fondamentaux. Si « le droit des droits » n'est pas totalement effectif, qu'en sera-t-il des autres ? Ainsi, les experts internationaux ayant élaboré les Principes de Jogjakarta ont rajouté en 2017 certains principes dont le suivant, qui vient compléter le principe n° 3 de 2007 :

« Toute personne a le droit à la reconnaissance de sa personnalité juridique sans qu'il soit fait référence à, et sans qu'elle soit obligé de révéler ou que lui soit attribué, un sexe, un genre, une orientation sexuelle, une identité de genre, une expression de genre ou des caractéristiques sexuelles. Toute personne a le droit d'obtenir des documents d'identité, y compris un certificat de naissance, quelque soit son orientation sexuelle, son identité de genre, son expression de genre ou ses caractéristiques sexuelles. Toute personne a le droit de modifier les informations de genre qui la concerne sur de tels documents lorsque ceux-ci mentionnent ces informations. »

Il semblerait ainsi idéal que la mention du sexe ou du genre soit supprimée des documents d'identité pour garantir une pleine effectivité du droit à l'égalité. Le genre serait alors totalement l'affaire de la vie privée de chacun.

Si l'on considère que le sexe n'est plus un élément de l'ordre public et qu'on lui préfère le genre comme composante essentielle de la vie privée, cela veut dire « sur le plan juridique, le sexe a quitté le corps pour s'installer dans l'âme » (Daniel Borrillo) et que le genre serait un élément disponible de la personnalité de l'individu. À ce moment-là, si le droit se contente d'enregistrer la volonté individuelle, le droit à la reconnaissance de la personnalité juridique sera pleinement effectif, puisque sa traduction formelle sera en accord avec l'identité vécue par l'individu.

Selon Daniel Borrillo, l'une des prérogatives découlant du droit à l'identité de genre serait « le droit au libre développement de la personnalité conformément à l'identité de genre ». Il est paradoxal que le droit protège certaines minorités sexuelles, notamment les personnes intersexuées alors que l'intersexualité en tant que telle n'a pas de régime juridique propre. L'autodétermination de genre permettrait donc à chacun d'obtenir une meilleure protection venant du droit, puisque celui-ci s'appliquerait pleinement aux personnes reconnues par lui.

Selon la Professeure Lochak, se mêlent ici deux aspects de l'identité de genre. D'abord, sa protection en tant que composante de la vie privée de l'individu, c'est-à-dire que le social ne doit pas avoir de prise sur l'identité de genre qui ne relève que de l'individu. Ensuite, la vision de l'identité de genre comme une part de l'identité personnelle de l'individu qui doit être reconnue par la société. Une liberté de choix de l'identité de genre semblerait donc adéquate pour allier ce besoin de vie privée mais aussi de reconnaissance, puisque l'individu reprendrait alors possession de son genre.

2. Une protection accrue des minorités par l'effectivité des droits

Il est possible de dire que la législation française en matière de discrimination contre les personnes LGBTIQ+ est objectivement satisfaisante. Ces actes sont réprimés par le droit pénal mais aussi les droits administratif et civil, souligne le Défenseur des droits, et constituent la plupart du temps une circonstance aggravante. Cependant, les discriminations persistent dans le domaine des droits fondamentaux, ce qui signifie que ces derniers ne sont pas pleinement effectifs pour certaines personnes.

À ce titre, les droits à la sécurité et à la protection contre la violence, le droit au respect de la vie privée et familiale, les droits dans le domaine de l'emploi, de l'éducation, et de la santé s'avèrent encore parfois difficile d'accès pour les personnes LGBTIQ+. Aujourd'hui, jusqu'à vingt-quatre pays dans le monde criminalisent ou poursuivent en justice les personnes transgenres : cette discrimination entraine une stigmatisation qui invisibilise ces personnes et peut conduire à dénier leur existence même, souligne l'ONUSIDA en 2022.

Une protection supplémentaire des personnes LGBTIQ+ pourrait être apportée par la reconnaissance de leurs identités de genre par le droit. Une telle reconnaissance serait opposable à l'ensemble de la société, réduirait les discriminations et favoriserait l'accès aux droits. Toutefois, cela implique que le droit lui-même ne soit pas discriminant, ce qu'une liberté de choix de l'identité de genre permettrait.

Le Conseil de l'Europe a déjà pu souligner l'importance de la reconnaissance juridique du genre pour permettre aux personnes transgenres de mener une vie normale : « Des gestes de la vie quotidienne […] peuvent vite devenir source continuelle de tracas dès lors que l'identité de genre ne correspond pas au sexe mentionné sur les documents officiels […]. De ce fait, les personnes transgenres sont exclues d'une pleine participation et d'une pleine contribution à la société, y compris sur le marché du travail. »

En ne reconnaissant pas, peu, ou en rendant la reconnaissance difficile, le droit participe à la marginalisation des personnes LGBTIQ+ au sein de la société. Logiquement, si les personnes sont reconnues pour ce qu'elles sont réellement, elles bénéficieront d'une protection accrue. En effet, la reconnaissance juridique implique de mettre de la lumière sur des personnes qui jusque-là étaient invisibilisées par le droit justement parce qu'elles n'existaient pas pleinement. Prendre en compte l'ensemble des identités de genre grâce au droit impliquerait dans un premier temps une normalisation des personnes LGBTIQ+.

Au niveau international et régional, plusieurs allusions sont faites sur le lien entre la reconnaissance des identités de genre et l'effectivité des droits fondamentaux. La Commission interaméricaine des droits de l'Homme a pu reconnaitre, dans le rapport OAS/Ser.L/V/II/170 en 2018 que le renforcement de lois sur l'identité de genre pouvait réduire des situations de stigmatisation et de discrimination dans les domaines de la santé, de l'éducation et augmentait la participation des personnes trans dans le domaine politique. Elle a également incité les États membres de l'Organisation des États américains à adopter des lois sur l'identité de genre permettant aux personnes transgenres de modifier leur prénom et les composantes relatives au genre sur les documents d'identité. De son côté, le Conseil de l'Europe a pu rappeler en 2016 que « la reconnaissance juridique du genre vise à protéger le respect du droit de la personne transgenre au respect de sa vie privée, à l'autodétermination, à la non-discrimination et à la dignité ».

Il est possible de déplorer la maigre avancée du droit français en matière de lien entre reconnaissance des identités de genre et effectivité des droits fondamentaux. Le 27 juin 2013, la Commission Nationale Consultative des droits de l'homme s'est prononcée en faveur d'une refonte législative pour répondre à la situation précaire des personnes transidentitaires en France, notant que le droit en place n'était pas suffisamment protecteur et contribuait lui-même à maintenir ces personnes dans un statut vulnérable.

Dans un communiqué de presse annexé à l'avis, elle a énoncé son souhait de « rétablir la dignité des trans » notamment en remplaçant le terme « identité sexuelle » par « identité de genre » pour éviter une confusion entre genre et détermination sexuelle et biologique. Il est regrettable de voir que six ans se sont écoulés depuis la refonte législative française en matière de reconnaissance du changement de sexe à l'état civil et que la Commission Nationale Consultative des droits de l'homme, notamment, n'a pas encore dressé un bilan de l'efficacité relative de ce dispositif. Seul le Défenseur des droits semble à l'heure actuelle pousser dans le sens d'une pleine reconnaissance des identités de genre, notamment dans sa Décision cadre 2020-136, posant ce concept comme une « évidence », selon Alexandre Jaunait. En effet, ce dernier publie régulièrement des rapports, notes d'information et parfois des décisions sur la situation liée aux discriminations LGBTIQ+.

En l'état actuel des choses, le droit français pourrait donc être plus performant concernant la protection des personnes LGBTIQ+, notamment en s'inspirant des recommandations précises du Conseil de l'Europe relatives à la reconnaissance des identités comme instrument de protection par le droit.

Chapitre 5 – L'amorce d'une désexualisation

Le droit de la filiation reste aujourd'hui un obstacle majeur à l'émergence d'un droit *genderblind.*

1. Le droit de la filiation, dernier rempart contre la neutralité sexuelle du droit

Le droit à la filiation semble être un obstacle de taille à la désexualisation complète du droit. Le droit français consacre un modèle familial dont l'empreinte est « hétéronormée ».

La famille n'est ni définie par la loi, ni par des textes régionaux telle que la Convention européenne des droits de l'homme. Toutefois, est protégé par l'article 8 de la Convention le droit au respect d'une vie familiale « normale ». On peut alors se demander ce que signifie cette « normalité » et jusqu'à quel point elle est protégée, étant donné que la Convention a été conçue à l'origine comme un instrument vivant devant être lu « à la lumière des conditions de vie d'aujourd'hui » (CourEDH, 9 octobre 1979, *Airey C/ Irlande*, n°6289/73). À ce titre, les juges de la Cour européenne dans l'arrêt *Mazureck* du 1er février 2000, ont pu préciser ne pas voir l'institution familiale comme figée, que ce soit sur le plan historique, sociologique ou juridique. Dans le même sens, plusieurs auteurs ont pu mettre en avant l'impossibilité d'une définition de l'institution familiale.

La jurisprudence de la Cour a tout de même pu dégager quelques grands principes concernant la filiation et la famille. À ce titre, pour la Cour, le « respect » de la vie familiale implique une obligation positive pour les États d'agir de manière à permettre le développement normal de ses rapports (CourEDH, 13 juin 1979, *Marckx c. Belgique,* n° 6833/74). Elle indique ici que la reconnaissance d'un lien de filiation entre une mère célibataire et son enfant s'avère nécessaire pour assurer le plein exercice de ce droit. La Cour a également précisé que l'article 8 de la Convention recouvrait également « le droit au respect des décisions de devenir ou de ne pas devenir parents », dans l'arrêt *Evans c. Royaume-Uni* du 10 avril 2007. À noter ici la subtilité de la formulation, puisque l'article 8 ne recouvre pas un potentiel droit à la parentalité, mais bien le respect du choix de devenir ou non parent. Ainsi, une personne ne pourrait se prévaloir de l'article 8 pour se retourner contre un État qui l'empêcherait de devenir parent lorsque ce souhait entre en conflit avec une interdiction légale.

Le droit français reste extrêmement marqué par une vision de la famille hétérosexuelle : le Titre VII du Code civil en est la preuve. En effet, les mots « père », « mère », « paternité » ou « maternité » sont souvent associés étroitement : On retrouve des occurrences pour « père » et/ou « mère » dans les articles suivants du Code civil, concernant spécifiquement la filiation, où leur utilisation est hétéronormée : 310-2, 311-14, 311-15, 311-21, 312, 311-35, 325, 326, 329, 332, 333, 336-1, 342, 342-4, 342-12. La place pour d'autres formes de parentalité semble être minime en droit de la filiation, qu'elle soit homosexuelle, devenue homosexuelle par changement de sexe, ou même monoparentale. Par ailleurs, certains articles semblent poser particulièrement problème, comme l'article 312 du Code civil qui indique que : « L'enfant conçu ou né pendant le mariage a pour père le mari », ainsi que le Paragraphe concernant la présomption de paternité ». En effet, les évolutions des modèles familiaux permettent aujourd'hui de constituer des familles monoparentales ou homoparentales. Dans ce contexte, il semblerait que ces articles soient incomplets et obsolètes. Malgré les volontés d'une plus grande neutralité du genre au niveau familial, notamment à l'école depuis 109, avec les mentions « parent 1 » et « parent 2 » dans certains formulaires administratifs, le droit reste très empreint d'un modèle familial hétérosexuel.

Les évolutions de la conception de la « normalité » de la vie familiale posent notamment deux grandes questions : celle de la filiation des enfants nés d'une GPA à l'étranger et celle de la filiation des enfants nés de personnes transgenres ayant conservé leurs organes génitaux biologiques après le changement de sexe à l'état civil. En effet, il importe d'analyser ces questions afin d'observer si une ouverture était possible à l'extension du modèle familial qui viendrait compléter la consécration des reconnaissances des identités de genre.

La Cour européenne développe une jurisprudence très prudente en matière de reconnaissance des liens de filiation dans le cadre d'une GPA. Ainsi, le 10 avril 2019, cette dernière indique dans un avis que le droit au respect de la vie privée de l'enfant né d'une GPA implique que le droit interne offre une « possibilité de reconnaissance d'un lien de filiation entre cet enfant et la mère d'intention, désignée dans l'acte de naissance légalement établi à l'étranger comme étant la "mère légale" ». Plus tard, en 2021, elle a toutefois pu préciser que ne constituait pas une violation de l'article 8 de la Convention européenne des droits de l'homme le fait pour un État de ne pas reconnaitre formellement le lien de filiation entre un enfant et des parents dénués de lien biologique avec lui, tant qu'il n'y avait pas d'incidence sur leur possibilité de jouir d'une vie familiale normale (CourEDH, 18 mai 2021, *Valdís Fjölnisdóttir et autres v. Islande,* n° 71552/17). De plus, pour la Cour, l'essentiel était que le requérant dispose d'un mécanisme effectif et suffisamment rapide qui permettrait la reconnaissance d'un lien de filiation avec le parent d'intention, ce que l'adoption constituait (CourEDH, 16 juillet 2020, *D. c. France,* nº 11288/18). Ainsi, le refus de procéder à la transcription de l'acte de naissance étranger d'un enfant issu d'une GPA sur les registres de l'état civil français fait partie de la marge d'appréciation confiée à l'État en la matière.

La première chambre civile de la Cour de cassation avait pourtant pu, le 18 novembre 2020, développer sa jurisprudence dans le sens d'une possibilité de transcrire sur les actes d'état civil l'acte de naissance d'un enfant né d'une GPA à l'étranger de manière complète au profit des parents d'intention. Un renforcement de l'interdiction de la GPA en France a toutefois été adopté avec la nouvelle loi bioéthique du 2 août 2021. L'article 7 de la loi modifie l'article 47 du Code civil, qui dispose désormais que la réalité de la filiation indiquée dans un acte d'état civil fait en pays étranger sera « appréciée au regard de la loi française », ce qui restreindra considérablement les possibilités de transcription des actes de naissance d'enfants nés par GPA à l'étranger sur les registres de l'état civil français. Il semblerait donc que la question de la GPA soit pour l'instant face à une porte close en droit français. Cette position traduit aussi que le droit français n'est pas encore prêt à laisser tomber le dernier grand rempart à la désexualisation du droit que constitue le domaine de la filiation.

Concernant maintenant le cas des personnes transgenres ayant changé leur sexe à l'état civil mais ayant conservé leurs organes génitaux biologiques, une évolution récente est à noter en droit de la filiation. La Cour d'appel de Toulouse a pu reconnaitre le 9 février 2022 le droit pour une femme transgenre d'être désignée comme mère dans l'acte de naissance de sa fille biologique, alors qu'elle avait conservé ses organes reproducteurs masculins. Cette décision a été rendue après renvoi de la Cour de cassation, qui elle-même s'était prononcée contre l'établissement de la filiation maternelle (Cass. Civ. 1re, 16 septembre 2020, nº 18-50.080). Dans cette même décision, la Cour de cassation avait pu, par ailleurs, refuser que la mention « parent biologique » se substitue à la mention « père » et « mère » de l'enfant. La Cour d'appel de Toulouse est donc allée à l'encontre de la décision de la Cour de cassation en indiquant que la loi du 18 novembre 2016 « laisse un vide juridique indéniable, faute de disposition relative à la filiation des enfants nés postérieurement à la modification de la mention du sexe à l'état civil alors même que la maternité gestatrice n'est plus exclusive ». Elle explique finalement que la filiation maternelle entre la mère transgenre et l'enfant devra être judiciairement établie.

L'évolution de la jurisprudence en la matière sera donc à observer de près, puisqu'il y a ici un conflit entre les Cours d'appel et la Cour de cassation, ce qui pourrait mener à une modification des décisions des juges du Quai de l'Horloge en la matière. Il pourra être difficile de passer outre ce type de situations qui se multiplient : si l'on autorise une personne à voir son sexe changer à l'état civil, il semble contradictoire de ne pas y faire conformer les autres actes juridiques.

La question de la consécration d'une liberté de choix de l'identité de genre revient à poser celle de la famille et de la filiation. En effet, il importera redéfinir les contours de la famille en droit, tout en garantissant la pleine effectivité du droit issu de l'article 8 de la Convention européenne. Il faudra également veiller à ce que l'enfant ne devienne pas « le fruit d'un désir produit par la technique » et donc « un objet de consommation », comme l'écrit Dominique Folscheid. Il s'agira également d'étudier la légitimité des refus opposés à certaines familles qui souhaitent avoir un enfant, alors qu'aujourd'hui la technique permet potentiellement à toute personne d'avoir une filiation.

2. Vers un droit « *genderblind* » ?

Le fait que le droit ne se préoccupe plus du genre et devienne *genderblind,* selon l'expression de la Professeure Lochak, permettrait une certaine liberté et une certaine égalité de traitement par celui-là même.

Il est encore possible ici de faire une analogie avec la race : l'absence de consécration d'une différence de sexe ou de race constituerait un marqueur d'une égalité absolue des sujets de droits. Comme démontré *supra*, le droit utilise la catégorisation juridique binaire des sexes afin de répondre à un objectif de stabilité et de sécurité juridique. À cet effet, cette catégorisation se reflétait à une époque dans les normes juridiques, puisqu'elle permettait d'assigner clairement aux hommes et aux femmes des rôles sociaux distincts. C'est dans ce même sens que le droit a participé sciemment à organiser une infériorité juridique des femmes et donc une inégalité entre hommes et femmes clairement inscrite dans la loi. C'est aussi parce que les droits des femmes ont progressé tout au long des XXème et XXIème siècles que le droit a pu enregistrer cette réalité et commencer à diminuer la sexuation des normes. De même, cette dernière pouvait également servir dans le sens d'une protection de l'ordre public lorsque les mariages entre personnes du même sexe étaient interdits. Toutefois, cette utilité d'identification du sexe de la personne semble obsolète depuis l'autorisation du mariage entre personnes de même sexe.

À ce sujet, certains auteurs, à l'instar du Professeur Philippe Guez, ont pu constater que « dans un monde ouvert » l'absence de sexe mentionné à l'état civil pourrait poser un problème en empêchant potentiellement la célébration d'un mariage à l'étranger. Cet empêchement serait dû à l'absence de constatation officielle du sexe. Cela semble un argument de peu de poids, puisque les

Organisations internationales poussent peu à peu les États à l'idée que les droits fondamentaux de la personne seront plus effectifs si le droit se débarrassait du genre et donc à une harmonisation de ce modèle.

Selon l'Expert Indépendant des Nations Unies sur l'orientation sexuelle et l'identité de genre, aller au-delà du genre serait une condition d'effectivité pour que l'humanité puisse profiter pleinement des effets des droits de l'homme. En effet, en « dépassant » le genre, il est possible du même coup de dépasser les normes sociales imposées par lui. Or, cela ne serait complètement réalisable que dans le cas où le droit ferait un pas de côté par rapport au genre, puisque lui-même entretient une norme préconçue du genre de « base », calée en générale sur les stéréotypes du sexe binaire, dont les autres identités de genre « varient ».

De plus, le fait que le changement de sexe à l'état civil soit désormais autorisé, que les procédures pour le faire soient assouplies et que les juridictions tendent à s'affranchir du sexe biologique dans le droit de la filiation, laissent à penser que les normes sexuées soient de plus en plus un manque à gagner à la fois pour les requérants et pour la justice. En effet, si le contentieux lié au sexe sur les documents officiels était supprimé, ce serait certainement un gain de temps, un gain d'argent, et un gain de liberté pour les requérants et le système judiciaire. À ce titre, la liberté de choix de l'identité de genre et la possibilité de l'autodétermination de genre amorceraient cette désexualisation du genre souhaitée par les militants. En effet, à terme, cette liberté pourrait conduire à « désétatiser le genre » et à le « le rendre aux personnes », explique Arnaud Alessandrin.

Cela pose toutefois un certain nombre de problèmes et l'on peut même douter de l'efficacité d'un droit qui serait totalement indifférent au genre. Il semble dans un premier temps que l'arrêt total d'attribution d'un sexe juridique aux personnes impliquerait de nombreuses modifications législatives de coordination, comme le souligne Géraldine Delavaquerie. Ensuite, malgré la désexualisation progressive des normes juridiques permise par l'égalité entre hommes et femmes, la Professeure Lochak constate dans le même temps et paradoxalement une « resexualisation » de certains domaines juridiques. Pour parvenir à une égalité et à une protection complète, les textes juridiques sont, dans un premier temps, obligés de désigner les catégories de personnes qu'ils entendent protéger. C'est exactement le même processus qui se produit actuellement : de plus en plus de normes désignent les personnes LGBTIQ+ et les femmes en les positionnant comme « minorités sexuelles » afin de leur apporter une protection supplémentaire.

Ainsi, plus que de marquer une égalité absolue entre les individus, le fait d'ignorer tout simplement les différences de genre et de situations liées au genre au sein du droit conduirait davantage à invisibiliser ces personnes, et ne pas les reconnaitre entrainerait probablement une négation de leurs droits.

Le droit fait ainsi face à une réelle tension entre le besoin d'égalité entre les humains composant la communauté qu'il régit et la nécessité de créer une discrimination positive en protégeant davantage certaines catégories de populations afin de garantir effectivement cette égalité. Il semble par ailleurs y avoir une envie, pour certaines parties de la population, de mettre des mots sur des situations et d'y trouver une résonance juridique. Toutefois, ce besoin de sexualiser le droit à l'extrême, peut sembler superflue et contre-productif. Il importerait ainsi de trouver un juste milieu entre nécessité de protection sans avoir à exacerber les normes de genre au sein du droit.

Un dernier problème peut que la liberté de choix de l'identité de genre amorce en même temps que celui du droit *genderblind* peut être soulevé, celui que Jean Carbonnier avait déjà perçu, à savoir le droit pour les parents de disposer du sexe de leurs enfants à naître. Le danger est également celui de voir des enfants naitre sans sexe juridique, ce qui semble être le but, puisque la volonté individuelle primerait. Il faudrait alors attendre que l'enfant soit lui-même en capacité de décider de son genre.

Si le droit venait à devenir complètement *genderblind,* cela pourrait avoir de sérieux avantages, notamment concernant le cas des personnes intersexes. Les parents ne seraient plus poussés à prendre une décision médicale et chirurgicale dictée par l'urgence de la détermination du sexe à l'état civil.

Conclusion

L'identité de genre est un thème croissant d'intérêt pour le droit. Les droit international et comparé tendent à être, dans ce domaine, des moteurs de poids pour la consécration d'une liberté de choix de l'identité de genre. En effet, il semblerait que ces droits jouent un véritable rôle de laboratoire juridique pour la consécration de cette nouvelle liberté et soient les premiers à réceptionner les revendications des groupes LGBTIQ+. Ainsi, c'est une véritable émulation intellectuelle autour de la question de l'identité de genre en droit qui a lieu entre les Organisations internationales universelles et régionales, les ONG et associations de défense des droits LGBTIQ+. La création de tout un corpus juridique autour d'un droit de l'identité de genre amène à penser qu'il existera bientôt un droit opposable à l'identité de genre créé en droit international et réceptionné au sein des droits internes. Ce processus est déjà à l'œuvre et est bien entamé, puisque certains systèmes juridiques internes ont d'ores et déjà adopté un tel droit ainsi qu'une liberté pour les personnes de choisir librement leur identité de genre.

Par ailleurs, le droit, en reconnaissant une liberté de choix de l'identité de genre redéfinirait son rôle dans la construction de l'identité de l'individu : il n'imposerait plus une identité sexuelle ou de genre mais se contenterait d'enregistrer la volonté individuelle. Ce nouveau modèle permettrait d'ôter du droit les formes de discrimination qu'il perpétue ainsi qu'une meilleure effectivité des droits des minorités sexuelles, puisqu'elles pourront y accéder sous leur identité propre et non sous une identité imposée par le système juridique. À ce titre, une liberté de choix de l'identité de genre constituerait une nouvelle garantie d'une protection des minorités sexuelles par la reconnaissance de leur identité telle que conforme à leur réalité vécue.

Paradoxalement, il semblerait que cette liberté amène peu à peu le droit à être désexualisé. En effet, le système juridique tend à ne plus accorder d'importance au genre ou au sexe dans l'attribution de certains droits, ce qui répond aux revendications LGBTIQ+. Toutefois, avant d'en arriver à un droit *genderblind*, il importe au contraire que le système juridique prenne en compte les différences de genre et d'identité de genre afin de pouvoir créer un appareil de protection adéquat pour les minorités sexuelles.

Il semble par ailleurs que le chemin vers une consécration d'une liberté de choix de l'identité de genre soit encore long à parcourir en droit français. Il semble tout de même important de rappeler que repenser les normes de genre juridiquement et les libertés liées au genre n'entrainent pas automatiquement une remise en question totale de l'état du droit. En effet, ce dernier dispose de principes très ancrés qui sont encore loin d'être totalement entamés. Il est important de ne pas voir dans la moindre évolution du droit une explosion de toutes les bases sur lesquelles ce dernier est assis. Certains ajustements s'avèrent au contraire nécessaire pour que ce dernier ne se soit pas obsolète, comme il semble l'être aujourd'hui sur plusieurs aspects liés au genre. Il importe tout de même d'être indulgent vis-à-vis du droit, puisque comme l'écrivait Anatole France : « Tous les changements, même les plus souhaités, ont leur mélancolie, car ce que nous quittons, c'est une partie de nous-mêmes ; il faut mourir à une vie pour entrer dans une autre ».

ORIENTATION BIBLIOGRAPHIQUE

Ouvrages contemporains

Alessandrin (A.), *Déprivilégier le genre : faire contre et être (tout) contre le genre*, Joinville-le-Pont, Double Ponctuation, 2021, 130 pp.

Bauman (Z.), *Identité*, Paris, L'Herne, Carnets, 2010, 136 pp.

Bereni (L.), Chauvin (S.), Jaunait (A.), Revillard (A.), *Introduction aux études sur le genre*, Louvain-la-Neuve, De Boeck Supérieur, Ouvertures politiques, 3e édition, 2020, 431 pp.

Butler (J.), Rubin (G.), *Marché au sexe*, Epel Éditions, Les grands classiques de l'érotologie moderne, 2002, 175pp.

Butler (J.), *Trouble dans le genre (Gender Trouble) : Pour un féminisme de la subversion*, Paris, Éditions La Découverte, 2005, 284 pp.

Butler (J.), *Défaire le genre*, Paris, Éditions Amsterdam, 2006, 311 pp.

De Beauvoir (S.), *Le deuxième sexe I,* Gallimard, Folio/Essais, 1949 renouvelé en 1976, 408 pp.

Carbonnier (J.), *Droit civil : Introduction, Les personnes, La famille, L'enfant, Le couple*, Paris, PUF, Quadrige Manuel, Tome 1, 2e édition, 2017, 1505 pp.

Cranny-Francis (A.), Waring (W.), Stavropoulos (P.), Kirby (J.), *Gender studies : Terms and debates*, Macmillan International Higher Education, 2017 [en ligne] https://books.google.fr/books?hl=fr&lr=&id=llFdDwAAQBAJ&oi=fnd&pg=PR9&dq=gender+studies&ots=qs0RbEdpNZ&sig=maRwVmbS66UwD4N0Rnbwrv5hy6c&redir_esc=y#v=onepage&q=gender%20studies&f=false (consulté le 25 février 2022).

Doat (M.), Rios Rodriguez (J.) (dir.), *L'identité en droit*, Paris, Mare et Martin, à paraître en 2022.

Dorlin (E.), *Sexe, genre et sexualités*, Paris, Presses Universitaires de France, Philosophies, 2e édition mise à jour, 2021, 170 pp.

Foucault (M.), *Histoire de la sexualité I*, Gallimard, Tel, 1976, 211 pp.

Jablonka (I), *Des hommes justes : Du patriarcat aux nouvelles masculinités*, Les Éditions du Seuil, Points, Essais, 2019, 542 pp.

Lagasnerie de (G.), *Mon corps, ce désir, cette loi. Réflexions sur la politique de la sexualité*, Fayard, Histoire Pensée, 2021, 112 pp.

Laufer (L.), Rochefort (F.) (dir.), *Qu'est-ce que le genre ?*, Paris, Payot & Rivages, Petite bibliothèque Payot, 2014, 307 pp.

Mache (R.) (dir.), *La nature dans l'identité sexuelle*, Paris, L'Harmattan, 2009, 151 pp.

Marty (É), *Le sexe des Modernes : Pensée du Neutre et théorie du genre*, Paris, Éditions du Seuil, Fiction & Cie, 2021, 513 pp.

Michel (A.), *Les troubles de l'identité sexuée*, Paris, Armand Colin, 2006, 127 pp.

Meyerowitz (J.), *How Sex Changed : A History of Transsexuality in the United States,* Harvard University Press, 1er avril 2004 [en ligne] https://books.google.fr/books?id=BR39DwAAQBAJ&printsec=frontcover&hl=fr&source=gbs_ge_summary_r&cad=0#v=onepage&q&f=false (consulté le 28 novembre 2021), 400 pp.

Rubin (G.), *Surveiller et jouir : anthropologie politique du sexe*, Epel Éditions, Les grands classiques de l'érotologie moderne, 2010, 484 pp.

Stoller (R. J.), *Recherches sur l'identité sexuelle : à partir du transsexualisme*, Paris, Gallimard, 1978, 408 pp.

Articles et contributions

Aguado (A.), Zdanowicz (I.), « L'usage du droit dans le mouvement d'émancipation trans », *Cahiers du genre*, n° 57, pp. 77 à 94.

Alessandrin (A.), « Histoire du "transsexualisme" en France », *Mobilisations*, 2018, pp. 19 à 33.

Alessandrin (A.), « Déconstruction du "transsexualisme" », *Mobilisations*, 2018, pp. 35 à 55.

Borillo (D.), « L'intersexualité et l'état des personnes : le droit face à l'identité de genre », *Forum für Politik, Gesellschaft und Kultur*, 2014.

Broqua (C.), Eboko (F.), « La fabrique des identités sexuelles », *Autrepart*, n° 49, 2009, pp. 3 à 13.

Bugnon (C.), « La construction d'un ordre publique sexuel », *Sciences humaines combinées*, 2009

Calais (V.), « Choisir son sexe, un droit de l'homme ? », *La revue lacanienne,* vol. 4, n° 4, 2007, pp. 133 à 140.

Catto (M.-X.), « La mention du sexe à l'état civil », *in* Hennette-Vauchez (S.), Pichard (M.), Roman (D.) (dir.), *La loi & le genre. Études critiques de droit français,* CNRS Éditions, 2014, pp. 29 à 47.

De Bremaeker (N.), « Trouble dans l'identité sexuelle » *in* Doat (M.), Ríos Rodriguez (J.) (dir.), *L'identité en droit*, Paris, Mare et Martin, à paraître en 2022, p. 67 à 77.

Delavaquerie (G.), « Vers une disparition du sexe juridique. Regard sur le sexe comme élément de l'état des personnes », *Les Petites Affiches*, n°131, 7 mars 2018.

Fassin (E.), « L'empire du genre : L'histoire politique ambiguë d'un outil conceptuel », *L'homme*, 2008.

Jaunait (A.), « Genèses du droit de l'identité de genre. Approche des configurations sociojuridiques », *Droit et société*, Lextenso, n° 105, 2020, pp 429-451.

Le Maigat (P.), « Rencontres du Troisième sexe : Le Juge et l'Hermaphrodite ou les incertitudes du genre,

Identité sexuelle et droit au respect de la vie privée (Art. 8 CEDH) », *La Revue des Droits de l'Homme*, 2016.

Lochak (D.), « Dualité de sexe et dualité de genre dans les normes juridiques », *in Mélanges Andrée Lajoie*, Éditions Thémis, Université de Montréal, 2008.

Lochak (D.), « Le droit et la différence des sexes : fait de nature ou de construction sociale ? », Tribune, Le Monde, Le Monde Débats, 21 novembre 2007.

Lochak (D.), « Les identités saisies par le droit : quelles identités ? Quelle protection ? », *Revue du droit des religions*, n°10, 2020, pp. 15 à 31.

Macé (É.), « Les conséquences de la dépathologisation des identifications de genre trans' », *L'information psychiatrique*, vol. 87, 2011, pp. 291 à 293.

Reigné (P.), « 19. La notion juridique de sexe », *in* É. Peyre, J. Wiels, *Mon corps a-t-il un sexe ? Sur le genre, dialogues*

GLOSSAIRE[29]

Allié : Personne hétérosexuelle et cisgenre, soutenant les personnes d'une identité de genre différente, d'une orientation sexuelle différente ou d'expressions de genre différente de celles hétéronormées.

Agenre : Une personne qui ne s'identité dans aucune des identités de genre binaires.

Auto-identification : Identification de l'identité de genre de la personne par elle-même, sans l'intervention de tiers.

Bigenre : Une personne dont l'identité de genre correspond à deux genres, qui peuvent ou peuvent ne pas être masculin et féminin.

Biphobie : Une peur irrationnelle et une aversion entrainant une discrimination envers des personnes s'identifiant comme bisexuelles.

---

[29] Définitions issues des sources suivantes : A. Alessandrin, *Déprivilégier le genre : faire contre et être (tout) contre le genre*, Joinville-le-Pont, Double Ponctuation, 2021, pp; 115 à 127 ; L. Bereni, S. Chauvin, A. Jaunait, A. Revillard, *Introduction aux études sur le genre,* Louvain-La-Neuve, De Boeck Supérieur, 2020, 431 pp. Conseil de l'Europe, *Parce que les mots comptent : Glossaire de l'Orientation Sexuelle, Identité ou Expression de Genre et Caractéristiques de Sexe* [en ligne] https://rm.coe.int/glossary-on-sogiesc-because-words-matter-fr/1680a1f111 (consulté le 17 mai 2022), Fondation Émergence, « Lexique » [en ligne] https://www.fondationemergence.org/lexique (consulté le 17 mai 2022) ; M. Trachman, T. Lejbowicz, « Des LGBT, des non-binaires et des cases : Catégorisation statistique et critique des assignations de genre et de sexualité dans une enquête sur les violences », *Revue française de sociologie*, vol. 59, 2018, pp. 677 à 705.

Bisexuel, bisexuelle : Une personne qui ressent une attirance physique, romantique, sexuelle pour deux genres (qui peuvent être masculin et féminin, ou non).

Binarité : Un système qui divise les êtres humains en deux genres exclusifs et opposés, bien que complémentaires dans la construction sociale, masculin et féminin.

Cisgenre, cisidentité : Une personne cisgenre ou cisidentitaire est une personne dont le sexe assigné à la naissance correspond parfaitement ou presque à l'identité de genre dans laquelle s'identifie la personne.

Coming-out: Fait de communiquer son identité sexuelle (identité de genre et/ou orientation sexuelle) à une ou plusieurs personnes.

Demiboy : Une personne qui se sent en partie garçon, mais en partie d'un autre genre indéfini.

Demigirl : Une personne qui se sent en partie fille, mais en partie d'un autre genre indéfini.

Drag-king, drag-queen : Une personne qui exprime un genre autre que le sien à travers un personnage *via* des déguisements stéréotypés.

Dysphorie : Sentiment de souffrance, malaise, ressenti par une personne transgenre du fait de la discordance entre le sexe qui lui a été assigné à la naissance et son identité de genre.

Expression de genre : Expression sociale de l'identité de genre d'une personne, par exemple dans l'utilisation du prénom, des pronoms, des vêtements, du comportement…

Fluide, *genderfluid* : Personne dont l'identification de genre ou de sexualité est changeante ou ne peut être catégorisée.

Gai ou *gay* : Personne homosexuelle. Terme considéré comme moins discriminant car dénué de connotation médicale et sexuelle.

Hétéronormativité : Normes conscientes ou inconscientes posées par le système de genre binaire masculin / féminin. Un mode de pensée qui considère l'hétérosexualité comme naturelle, évidente et supérieure.

Hétérosexuel, hétérosexuelle : Une personne qui ne ressent de l'attirance que pour des personnes d'un autre genre que le sien.

Homophobie : Une peur irrationnelle parfois accompagnée d'une aversion envers des personnes perçues comme homosexuelles.

Lesbienne : Désigne une femme homosexuelle.

Identité de genre : Fait référence à l'expérience intime et personnelle de son genre profondément vécue par chacun, qu'elle corresponde ou non au sexe assigné à la naissance, y compris la conscience personnelle du corps et autres moyens d'expression du genre.

Intersexe, intersexué, intersexuée : Une personne née avec des caractéristiques biologiques ne correspondant pas aux normes sociétales ou aux définitions médicales permettant de l'identifier comme un homme ou une femme. Ce statut peut être découvert à la naissance ou à l'âge adulte.

Interphobie : Peur irrationnelle envers les personnes intersexes.

Queer : Le terme anglais renvoie à une insulte qui désigne quelqu'un d'étrange, de tordu, de malade. Dans les années 1990, ce terme a été réapproprié par certains groupes LGBTIQ+ et par les *gender*, et devient une identité. Le terme *queer* désigne également un mouvement qui défend le nomadisme de l'identité.

Transsexuel, transsexuelle : Terme à connotation pathologisante, reposant sur une vision binaire du genre, désignant une personne dont l'identité de genre vécue ne correspond pas au sexe assigné à la naissance.

Transgenre : Désigne une personne dont l'identité de genre vécue ne correspond pas au sexe assigné à la naissance.

Trans' : Terme utilisé aujourd'hui comme terme parapluie pour désigner des personnes dont le point commun est l'absence de concordance entre l'identité de genre vécue et le sexe assigné à la naissance.

TABLE DES MATIÈRES

Structures éditoriales du groupe L'Harmattan

L'Harmattan Italie
Via degli Artisti, 15
10124 Torino
harmattan.italia@gmail.com

L'Harmattan Hongrie
Kossuth l. u. 14-16.
1053 Budapest
harmattan@harmattan.hu

L'Harmattan Sénégal
10 VDN en face Mermoz
BP 45034 Dakar-Fann
senharmattan@gmail.com

L'Harmattan Cameroun
TSINGA/FECAFOOT
BP 11486 Yaoundé
inkoukam@gmail.com

L'Harmattan Burkina Faso
Achille Somé – tengnule@hotmail.fr

L'Harmattan Guinée
Almamya, rue KA 028 OKB Agency
BP 3470 Conakry
harmattanguinee@yahoo.fr

L'Harmattan RDC
185, avenue Nyangwe
Commune de Lingwala – Kinshasa
matangilamusadila@yahoo.fr

L'Harmattan Congo
219, avenue Nelson Mandela
BP 2874 Brazzaville
harmattan.congo@yahoo.fr

L'Harmattan Mali
ACI 2000 - Immeuble Mgr Jean Marie Cisse
Bureau 10
BP 145 Bamako-Mali
mali@harmattan.fr

L'Harmattan Togo
Djidjole – Lomé
Maison Amela
face EPP BATOME
ddamela@aol.com

L'Harmattan Côte d'Ivoire
Résidence Karl – Cité des Arts
Abidjan-Cocody
03 BP 1588 Abidjan
espace_harmattan.ci@hotmail.fr

Nos librairies en France

Librairie internationale
16, rue des Écoles
75005 Paris
librairie.internationale@harmattan.fr
01 40 46 79 11
www.librairieharmattan.com

Librairie des savoirs
21, rue des Écoles
75005 Paris
librairie.sh@harmattan.fr
01 46 34 13 71
www.librairieharmattansh.com

Librairie Le Lucernaire
53, rue Notre-Dame-des-Champs
75006 Paris
librairie@lucernaire.fr
01 42 22 67 13

www.ingramcontent.com/pod-product-compliance
Lightning Source LLC
LaVergne TN
LVHW051356061026
849535LV00009B/3217